KB267737

명품 다기구

돌다완(해와 달)
2000년 필자 작품

남조 촛대

풍란

고려청자(국립박물관)

돌탕기

황유피호黃釉皮壺

높이 : 17.5cm
구경 : 6.5cm

계수주(물주전자) 높이 : 10cm

높이 : 7cm
구경 : 2cm
바닥　4.5cm

높이 : 8.5cm

계수주(물주전자)
높이 : 29cm
구경 : 8.2cm

영청반구집호影靑盤口執壺
소(小) 높이 : 10.4cm 구경 : 4.6cm 대(大) 높이 : 15.5cm 구경 : 6.5cm

소(小) 높이 : 9.5cm
구경 : 4cm

중(中) 높이 : 11.5cm
구경 : 6cm

대(大) 높이 : 14.3cm
구경 : 7cm

수주

장사요

흑유천남도반반구호黑釉天濫陶
斑盤口壺/노산요

다관

수주 - 다관 (고려청자)

수주 - 다관 (고려백자)

다관

수주
높이 : 27cm

계수병鷄壽壺

높이 : 11.5cm   높이 : 11.5cm

명代 다관
높이 : 8.4cm 구경 : 5.5cm

청代 다관
높이 : 23cm

원代 수주

원代 청화옥호춘병
높이 : 22.5cm
구경 : 7.5cm

청代 청화상병
높이 : 33cm
구경 : 9.5cm

청화춘수병

자주요(白地黑花瓶)
높이 : 20cm

진다 잔 대 중앙 높이 : 5cm
잔 높이 : 4cm
대 구경 : 13.5cm
잔 구경 : 8.5cm
총 높이 : 9cm

진다 잔 대 중앙 높이 : 4cm
잔 높이 : 4.5cm
대 구경 : 14cm
잔 구경 : 9.5cm
총 높이 : 8.5cm

청대 투체용문귀병
높이 : 28cm
구경 : 13.5cm

청화 매화문
높이 : 27cm
구경 : 27cm

원대 남유 백용문 접시
높이 : 1cm 구경 : 15cm

원대 남유 숙우
높이 : 4cm 구경 : 13cm

수주
높이 : 15.8cm

청화 찻잔과 받침접시

元. 홍록채옥호춘병
높이 : 24cm
구경 : 7.3cm

남유 백용문 옥호춘병
元. 경덕진요景德鎭窯
높이 : 28cm
구경 : 8.5cm

청화 옥호춘병

매병

육각 청화 자기

청자 청봉문 청구병
높이 : 40.5cm
구경 : 8cm

중국에서는 건요建窯, 일본에서는 천목완天目碗이라 한다.
우리나라에서는 두 가지 이름을 다 사용하고 있다.

건요—토호완
구경 : 14cm
높이 : 5cm

건요—천목다완
대(大) 구경 : 12.8cm
중(中) 구경 : 9.3cm
소(小) 구경 : 6.1cm

흑유 천목다완

구경 : 11.5cm
높이 : 5.5cm

구경 : 12cm
높이 : 7.3cm

유적유다완 油滴釉茶碗

유적유잔

토호문다완 兎毫紋茶碗

구경 : 5.8cm 높이 : 14cm

구경 : 5.6cm 높이 : 13.5cm

정요
갈반완褐斑碗

전지점화문
구경 : 10cm 높이 : 3cm

구경 : 13.5cm 높이 : 6.5cm

봉문완
구경 : 12.5cm
높이 : 5.5cm

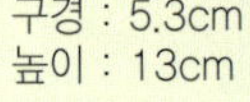

구경 : 5.3cm
높이 : 13cm

구경 : 5.5cm
높이 : 14cm

구갑문다완
높이 : 5.5cm
구경 : 15.3cm

측면

높이 : 5cm   구경 : 11.5cm

당초문
구경 : 12cm
높이 : 4.5cm

측면

길주요 봉황문
구경 : 12cm
높이 : 4.5cm

길주요
구경 : 10.5cm 높이 : 4.7cm

구경 : 10cm 높이 : 4.5cm

구경 : 11cm 높이 : 4.7cm

길주요 吉州窯 작품들

구경 : 10cm
높이 : 3.5cm

구경 : 10cm
높이 : 3.5cm

구경 : 12cm
높이 : 3.5cm

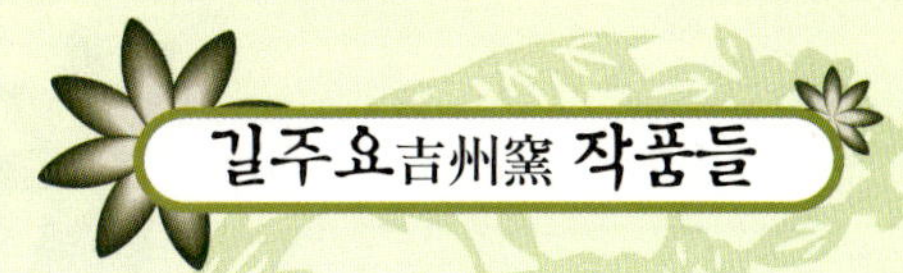

구경 : 12cm
높이 : 4.5cm

구경 : 11cm
높이 : 3cm

구경 : 10cm
높이 : 3.5cm

구경 : 10cm
높이 : 3.5cm

고세연 다문화 총서 · 5

차茶의 맥脈

고세연 다문화 총서 · 5
차茶의 맥脈

초판 인쇄 · 2009년 3월 11일
초판 발행 · 2009년 3월 16일

지은이 · 고세연
펴낸이 · 임종대
펴낸곳 · 미래문화사

등록 번호 · 제 3-44호
등록 일자 · 1976년 10월 19일
주소 · 서울시 용산구 효창동 5-421호
전화 · 715-4507, 713-6647
팩스 · 713-4805
E-mail · mirae715@hanmail.net

ISBN 89-7299-364-6 03000
ⓒ2009, 미래문화사

고세연 다문화 총서 · 5

차茶의 맥脈

지은이 · 고세연

미래문화사

차와 고독의 하모니

내 젊은 시절, 희망과 절망의 길을 오르내리며 무던히도 힘겨워 하였던 일들이 생각난다.

우선 세상사를 잘 알지도 못하면서 서투른 판단으로 출렁거렸던 탓도 있었을 것이요, 별것도 아닌 것을 크게 받아들인 탓에 작은 충격에도 큰 타격을 받아 절망의 늪에서 헤어나지 못한 적도 있었다. 지금에 와서 생각해 보면 그것은 바로 내 젊은 날의 용기였고, 또한 실수가 아니었던가 싶기도 하다.

이러한 시기가 지나고 나니 어느새 중년의 안방에 고독이란 손님이 시도 때도 없이 드나들면서 어느 때는 허탈과 우울증을 번갈아 가면서, 나를 실험하는 탓에 앞이 보이지 않는 절망이 어떠한 것인가도 알게 되었다.

그러나 이러한 시련이 인간을 성장하게 하는 묘약도 되는 것이다. 그러기에 고독하면 할수록 고독을 끌어 앉고 고독과 친근해지는 것이 고독의 치유법이다. 고독과 가까워지면 고독의 오미를 느끼게 된다.

고독은 냉정하고 철학적이다. 어떠한 행동이나 말에 책임이 뒤따른다는 것을 알게 한다. 그것은 또 홀로서기라는 법칙을 가르쳐 주는가 하면 늘 조용히 생각하는 습관을 몸에 배게 한다. 이러한 것들이 바로 고독의 오미다.

고독의 오미와 차의 오미가 마주치면 환희가 아니라 조용한 유람의 신천지가 된다. 대우주의 마음이 하늘이라면 소우주인 사람의 마음은 바로 마음 그 자체가 아닐까? 사람의 마음은 무한대無限大가 아니던가.

사람의 마음은 쓰기에 따라 달라진다. 끝없이 넓고 깊은가 하면 마음의 문을 닫아버려 바늘구멍도 통과할 수 없게 되는 것 또한 마음이다. 그러기에 정신적인 노폐물의 처리는 내 마음속 블랙홀이 처리하도록 길들이고 있다.

늘 차와 고독과 가까이 하면서도 이상과 같은 생각을 희수喜壽의 나이에 들어서야 겨우 터득하였으니 조금은 안타까운 마음이다.

요즈음 나는 불쾌해도, 행복하여도 나에게 주어진 것이라면 씹어
보고 또 곱씹어서 소화시키려고 한다. 그것은 모두 내 몫이기 때문
에 모두 내가 처리할 문제라는 책임감 때문이 아닌가 싶다.

문득 옛 당나라 차인茶人 육우陸羽가 쓴 육선가六羨歌가 생각난다.

　　황금술잔 그깐 것 부럽지 않네.
　　옥술잔 그깐 것도 부럽지 않네.
　　벼슬아치 그깐 것도 부럽지 않네.
　　저물어 찾아들 내 집 없어도
　　그리운 건 서으로 흘러 가는 물
　　경릉(竟陵)에서 성(城)으로 흘러가는 물.

(이상은 1980년 9월 3일에 미당 서정주 시인이 명원 선생의 부탁으로 다경을 번역한 것 중
에서 〈육선가〉만 옮긴 것임)

차와 고독의 싱그러움

고세연

꽃보다 싱그럽고 사랑스런 작설의

싹을 모아 찌고 덖음이 구중구포에서

서너 번의 덖음이 모자란다 하여도

차의 맛은 성숙한 기품으로

규방의 문학을 봄눈으로 아우리니

청맹화 송이마다 피는 향기

외면할 수 없어

님인 듯이 모셔 놓고

나는 나는 꿈을 꾸는

청산의 나비라오.

제8장 차 마시기의 기원

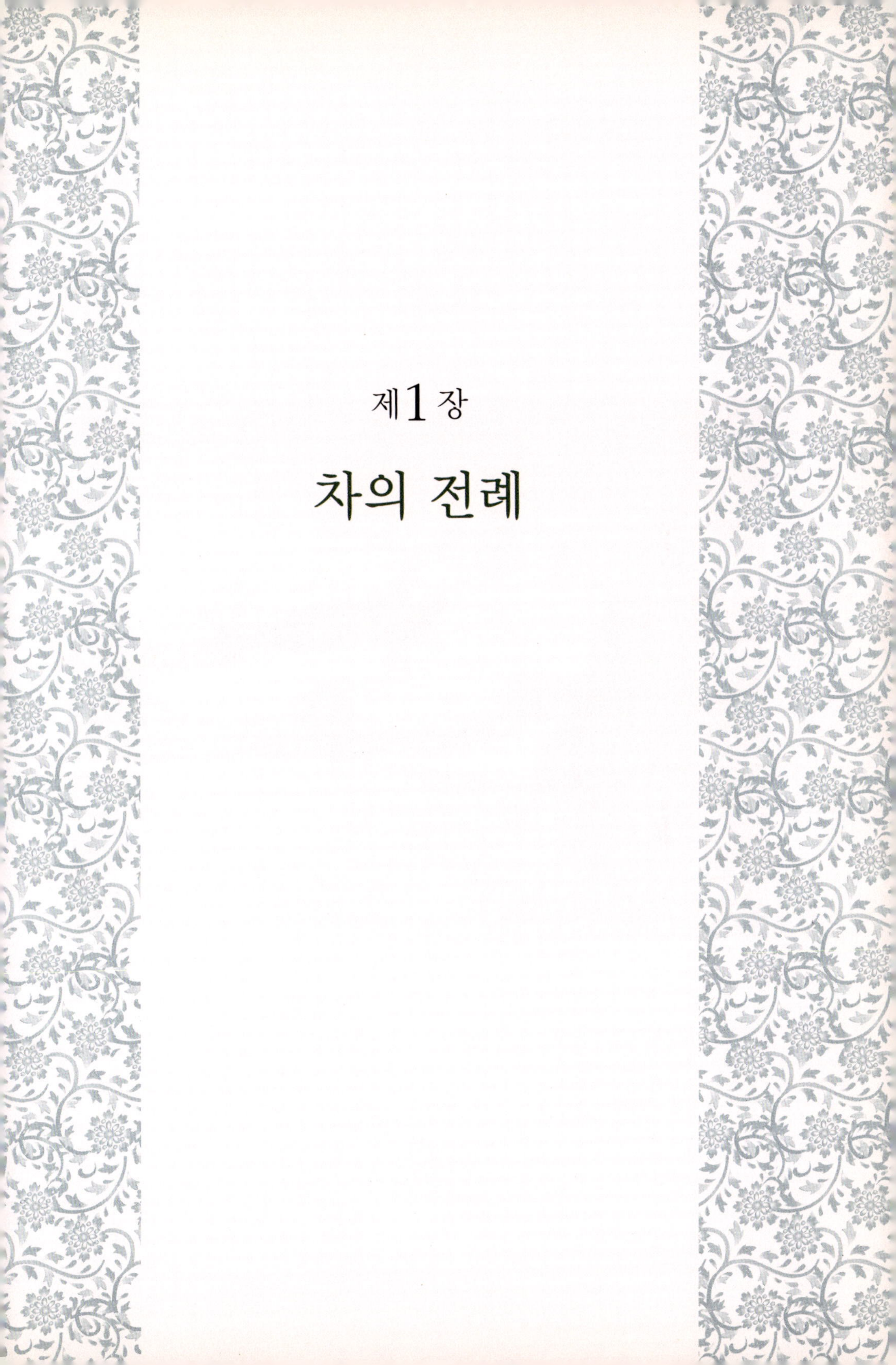

제1장

차의 전례

제1장 차의 전례前例

1. 차의 개념

차나무의 잎으로 차를 만들어 음용하기 시작한 것은 참으로 오래 전부터였다(필자의 저서《차의 역사》참조). 처음에는 생잎을 씹어 먹다가 나중에는 즙을 내어 마시는 동안 사람들은 차가 인간들의 건강과 정서생활에 절대 유익함을 알게 되었다. 그래서 차잎을 말려서 저장했다가 필요한 때에 끓여 마시기 시작하면서 점차 여러가지 제다법이 개발되었다. 그후, 소비와 생산이 확대되면서 제다법은 끊임없이 연구 발전되었고, 어용차로 발탁되면서 품질이 고급화되고, 부를 누리는 계기가 되었다.

차는 당나라 때 어느 정도 체계적인 외국과의 무역으로 발전하였다. 그로 인해 제다 또한 일반 소비용과 어용, 관용, 수출용 등으로 구별하여 만들어졌다. 이에 대한 확실한 기록은 기원 700~800년 사이, 육우가 쓴《다경茶經》에 나와 있다.

《다경》은 '칠지사七之事' 즉 '차의 옛일'에서 약 5000년에 걸친 차의 고전을 알려주고 있으니 차를 공부하는 사람들로서는 그 무엇과도 바꿀 수 없는 귀중한 책이 아닐 수 없다.

이처럼 차는 많은 발전을 하여 왔지만 앞으로도 무궁무진한 발전이 이루어질 것이라는 데는 의심할 여지가 없다. 왜냐하면 근래에 들어 차는 역사 이래 가장 활발하게 연구되고 있고, 과학적인 근거를 중심으로 새로운 상품으로 개발되고 있기 때문이다.

신이 내리는 지혜의 지팡이는 희망을 꿈꾸는 사람에게 주어지는 것이리라. 녹차가 세계인의 건강음료로 발전하기 위해 나라마다 필사적인 연구를 기울이고 있는 바 우리도 세계인의 입맛과 건강을 지킬 수 있는 귀품 있는 녹차를 만들기 위해서는 끊임없이 연구

눈 속에서도 겨울을 이겨내는 차나무 정종술 작

하지 않으면 안될 것이다.

(1) 차 따는 시기

곡우 전후 음력 4월 20일, 양력 5월을 비롯해 입하 · 소만 · 망종 · 하지까지 딴다. 망종에서 하지까지 딴 찻잎으로는 황차도 만들 수 있다.

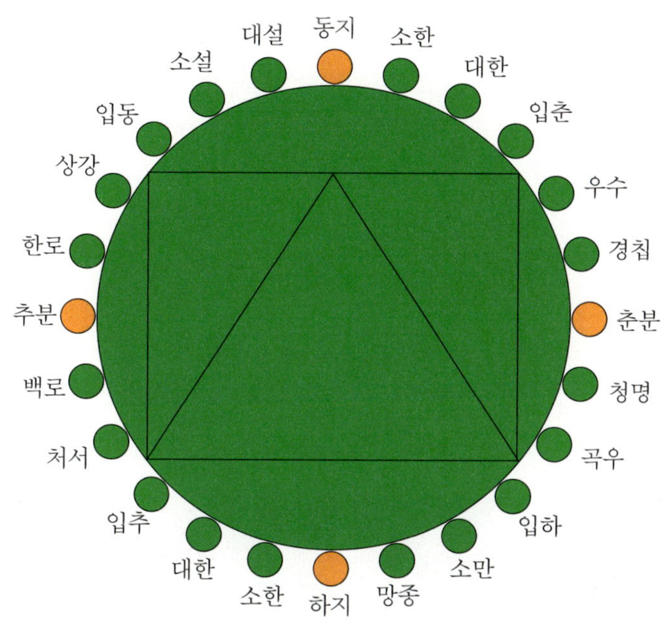

(2) 차 따는 시기와 차명

차는 잎을 채취하는 시기에 따라 그 명칭을 아래와 같이 다양하
게 불렀다.

- 납전차臘前茶 : 동지冬至 후, 셋째 술날第三戌日 직전에 채취한 차.
- 납후차臘後茶 : 납일臘日 바로 직후에 채취한 차.
- 사전차社前茶 : 춘분春分 전후의 술날戌日 직전에 채취한 차.
- 화전차火前茶 : 한식의 금화禁火(청명淸明) 직전에 채취한 차.
- 기화차騎火茶 : 금화(금화의 기간은 한식 전후 삼일간)의 한식 때, 말을
  타고 따서 만든 차. 이상은 중국이나 가화 남쪽서 가능함.

- 우전차雨前茶 : 곡우穀雨 직전 또는 직후에 채취한 차.
- 입하차立夏茶 : 입하立夏 때 따서 채취한 차.
- 매차梅茶 : 망종 뒤의 임일壬日인 출매 때 따서 채취한 차.
- 추차秋茶 : 입추에서 상강霜降 때까지 따서 채취한 차.
- 소춘차小春茶 : 입동立冬에 따서 만든 차.

이상대로라면 일 년 내내 차를 만들 수 있다 할 수 있는데 이것은 중국, 대만 등지에서는 가능하나 우리나라의 경우는 조금 다르다. 우리나라의 야생차잎은 한파에 강한 만큼 겨울 차잎의 성질이 강하고 두꺼워서 봄차와 같이 부드러운 색·향·미를 찾기에는 어렵다.

차 만들기 (솥에서 차를 덖는 모습)

이러한 거친 차는 식용으로 삭히는 음식을 담글 때 조금씩 넣어주면 차 특유의 향으로 인해 매우 부드러워 짜고 떫은 맛과 잡냄새를 가져주는 특성이 있다.

2. 발효차의 종류와 발효 정도

(1) 불발효차(~10% 이하)
- 부초녹차釜炒綠茶 : 용정龍井, 옥로玉露, 작설雀舌
- 일쇄녹차日曬綠茶 : 벽라춘碧螺春
- 증자녹차烝煮綠茶 : 감로甘露

(2) 약발효차(-5~15%)
- 백차 : 백아차白芽茶, 백호은침白毫銀針, 백목단白牧丹, 수미壽眉

(3) 약 반발효(20~50%)
- 청차靑茶 : 철관음鐵觀音, 대홍포大紅袍, 공미貢眉, 무이암차武夷岩茶

(4) 강 반발효(50~70%)
- 황차黃茶 : 오룡차烏龍茶, 주황갈차朱黃褐茶

(5) 완전발효(75~95%)
- 홍차紅茶 : 공부홍차工夫紅茶, 홍쇄차紅碎茶, 기문홍차祁門紅茶, 계화홍차桝花紅茶, 홍전차紅磚茶

(6) 후 발효차
- 흑차黑茶, 보이차普洱茶, 병차餠茶

두강녹차

우전녹차

용정차

벽라춘

대홍포

청차(철관음)   청차(고산관음탕)

돈차錢茶

3. 발효차의 기본

(1) 녹차와 불발효

녹차綠茶인 불발효차는 생차잎에 함유된 산화효소인 폴리페놀 작용을 차단하여 발효의 정도를 최소화함으로써 만들 수 있다. **발효의 정도를 5~10%**라 하는 것은 생잎에서 녹차가 만들어지기까지 최소한도의 자연변화를 이루게 되는 표준점이다.

(2) 백차의 약발효

백차白茶인 약발효차는 살청이나 유념을 대신하여 생차잎을 약한 열에 깔아 눌러 덖어 만든다. 이 방법은 녹차 중에 용정차와 같은 형태로서 그 발효정도는 5~15% 정도 이어서 약발효라 한다.

백차는 희귀종으로 매우 귀하여 어차로 구하기 힘들었다
송나라 때는 단차團茶를 만들어 황궁에 진상하였는데 연고차硏膏茶 또는 백아차로 유명하였다. 일설에는 이 백아차로 인해 천목다완天目茶碗이 나왔다고도 한다.

(3) 청차와 반발효

청차靑茶인 반발효차는 발효의 폭이 넓어 15~45% 정도 내에서 발효된 모든 차를 말한다. 중국의 차는 거의 청차인데, 이 차가 발달하게 된 연유는 수질이 나빠 반드시 물을 끓여 마셔야 했기 때문이었다.

청차는 명나라 말기에서부터 청나라에 이르기까지 궁중에서 외국 사신들의 접대용으로 쓰였고, 이것이 점차 널리 퍼져 생활음료에서 국민음료로 쓰이게 된 것이다. 그리하여 대중화되니 생산량과 품종도 많아져 가격도 싸졌다.

중국의 관공서나 철도, 호텔 등에는 끓인 물과 함께 더러는 차까지 준비되어 있다. 길을 가다보면 작은 유병에 청차를 넣고 끓인 물을 부어 마시는 것을 볼 수 있다. 필자가 보기에는 중국에서 음용되는 차의 약 70%가 청차가 아닌가 싶다.

청차의 종류는 수없이 많다. 같은 청차라 할지라도 발효의 정도 (예를 들어 20% 발효, 25~30% 발효, 35% 발효, 40% 발효, 42% 발효)와 차의 종류에 따라 맛과 향이 차이가 난다. 쓴맛이 너무 강해 도저히 마실 수 없을 것 같은데 그 맛을 선호하는 사람도 적지 않으니 다양한 맛과 향은 약15억 인구에 걸맞는 모양이다. 그러나 이런 청차 중에 이름난 차는 역시 우리에게도 맞는 것 같다.

(4) 황차의 약강 반발효

황차도 반발효차에 속한다. 그러나 필자는 엄밀히 따지면 청차는 아니라는 결론을 내린다. 이유는 황차는 청차보다 한층 업그레이드한 발효차로 맛과 향이 다르다. 청차는 발효시간에 따라 녹색이 점차 갈색으로 변하는데 그 변화를 보기만 하여도 우선 몇 % 발효인지 짐작할 수 있다.

그에 비해 황차는 완전 갈색이 되기까지 반발효에서부터 시작되는 것인 만큼 필자는 그간 30여 년의 경험을 토대로 황차나 오룡차는 약강반발효라고 규정되어야 한다고 생각한다.

(5) 홍차의 강발효

홍차紅茶인 강반발효차는 16세기 이전에 중국에서 생산하기 시작하여 16세기에 이르러서는 포르투갈만이 사용하였다. 그리고 17세기에 이르러 네덜란드로 확산되면서 유럽으로 전래되었으며, 18세기에 이르러 영국에서 본격적인 세계화로 확산되었다.

그러한 연유로 홍차는 중국에서 처음 탄생하였고, 영국에서 꽃을 피웠다고 볼 수 있다. 이처럼 홍차가 유럽을 강타하게 된 것은 육식을 주로 하는 영국 사람들에게 홍차는 지방이나 단백질을 분해하

여 소화 작용을 돕는 데 매우 효과적이어서 녹차로부터 홍차로 바꾸어 마시게 되었던 것이다.

한편 유럽이 도자기를 중국에서 수입하고 있었고, 그 수입으로 경제적인 침해를 받고 있던 차에 맨먼저 독일에서 도자기를 시도함과 함께 홍차잔에 관심을 갖게 되었다. 홍차는 품위를 유지하는데 필요했고, 그것을 뒷받침하는 찻잔이 필요했던 것이다.

홍차잔은 독일에 이어 프랑스와 영국 순으로 만들기 시작하면서 중국에서 수입하는 것보다는 비용이 훨씬 적게 들었다. 그러자 영국은 차밭을 개발하는데 주력하여 동남아 일대로 진출하였고, 프랑스는 도자기의 형태와 문양과 유약에 중점을 두어 개발에 열을 올렸다.

중국의 부의차bohea가 홍차로 만들어져 수출된 것은 17세기 초라하나 보통 공부홍차工夫紅茶를 원조라고 한다면 18세기 초로 보기도 한다. 아무튼 18세기 초에 만들어진 홍차가 오래도록 유럽 시장을 독점하였는데 영국제 홍차the empire tea가 나오기 시작하면서 중국 홍차는 위축되기 시작하였다.

우리나라에서는 한국제다에서 질좋은 홍차를 생산한 지도 반백년의 세월에 가까워온다.

홍차는 살청을 하지 않고 위조와 유념을 한 후 바구니에 잎을 쌓아두어 잎 내부의 수분과 온도로 발효하도록 하는 것이 특징이다. 발효도가 75~95%인 것을 완전 발효차라 하는데, 홍차의 가공방식에는 몇 가지의 비법이 있다고 한다.

(6) 흑차의 후발효

흑차黑茶인 후발효차後醱酵茶는 종류도 많은데, 그 중 떡차(餠茶)의 경우는 당나라·송나라 때의 단차團茶로서, 거의가 후발효차이다. 보이차 등을 흑차라 하고 있기 때문에 흑차 중에 보이차로 자리잡고 있는 것이다. 후발효차는 차나무의 품종과 긴압(緊壓 : 눌러 압축)의 강약 유무에 따라 다음과 같이 분류한다.

1) 교목형과 반교목형과 관목형 등의 차나무잎으로 흑차인 보이차를 만든다.

2) 제다 방법에 따라 생차生茶와 숙차熟茶로 구분하는데, 생차의 경우는 차잎의 형태가 살아 있는 것처럼 또렷또렷하며 차를 우려 마신 뒤에도 차잎의 형태가 그대로 남아 있다. 숙차熟茶의 경우는 잎의 표면이 평평하고 매끄럽다. 차를 우려 마신 뒤 차잎의 형태가 뭉크러져 있다.

3) 긴압緊壓의 유무에 따라 산차(散茶 : 입차)와 긴압차로 구분한다.

4) 긴압의 형태별로 나누면 둥근 모양 벽돌(磚茶) 사발을 엎어 놓은 것 같은 타차沱茶, 골무 모양의 소타차小沱茶, 버섯 모양의 긴차緊茶가 있다. 모두가 흑차黑茶이면서 보이차라고도 한다.

보이차普洱茶란 이름은 운남성에서 생산되는 차가 보이(普洱) 지방으로 모였다가 유통되는 교역의 중심지였던 연유로 그곳의 이름을 따서 보이차라고 부르게 된 것이다. 명나라 이전에는 소수 민족들이 만든 음료 정도였으나 청나라 때부터 차상점이 많이 생기면서 번창하기 시작했다 한다.

4. 전례의 제다법과 발효법

(1) 제다법

① 일쇄법

일쇄법이란 자연 그대로, 즉 태양열로 처리하는 제다법이다. 먼저 그늘에서 시들리며 살살 두드려 차잎이 서로 부딪쳐 진이 나면 태양열을 골고루 받게 쬐인다. 그러면 차잎에서 매콤한 향기가 진동하게 되는데 그때 단시간에 비비며 살청과 유념을 동시에 몇 번씩 반복하며 말린다. 중요한 것은 만드는 과정에서 통풍이 잘 되도록 하여야 한다.

이 방법은 제다법이 발달되기 전에 쓰였던 방법이다. 그 요령은 날씨가 좋아 햇볕이 강렬할 때에 그늘과 강한 햇볕을 번갈아 쬐이면서 잎과 잎이 부딪치게 세게 흔들어 주면 비비는 효과가 발생하여 색과 향이 좋아지고, 맛이 소박하고 단아해진다.

② 증자법蒸煮法

증자법은 옛날과는 달리 지금은 대량 생산 시스템으로 발달되어 있다. 지금은 차를 선호하는 인구가 많아짐에 따라 기계화가 되지 않을 수 없는 것이다. 증자법이란 기계로 차잎을 찌고 삶아 비비고 건조하는 방법으로써 작업이 일괄적

으로 처리되고 있다.

③ 부초법釜炒法

일명 덖음차라 한다. 방법은 무쇠나 스텐 가마 속에서 타지 않도록 저어가며 만든다. 이 방법으로 만들면 깨끗하고 위생적이다.

솥의 크기는 직경 72cm, 깊이 35cm 정도이고, 찻잎 1.5kg~2kg 정도가 한 번 덖는 양이다. 처음 150℃ 정도로 달구어진 솥에 생잎을 떨구워 숨을 죽이는데 빠르고 민첩한 솜씨로 뒤집고 흐트려야 한다. 이렇게 빨리 하는 것은 찻잎 속에 들어 있는 탄닌(폴리페놀)의 산화작용을 차단하기 위한 것이다.

250~300℃에서 덖고 비비다가 후반에는 다시 200℃~150℃로 열을 내려야 한다. 이처럼 빠른 움직임이 차의 맛과 향을 결정한다. 만약 솥이 과열되어 조금이라도 탄 잎이 섞여 있다면 그 차는 모두 버려야 한다. 제다의 성패는 열관리에 달려 있다.

5. 떡차와 연고차

떡차나 연고차는 지금은 거의 만들지도 않고 먹지도 않는다.

지금 생산되고 있는 가루차는 단차가 아닌 잎차로 거의가 기계화로 대량생산되고 있다. 차의 상업화는 질적인 향상보다는 양적인 면에 치중하고 있다.

떡차와 연고차는 다 같은 단차團茶이지만 그 내용에 있어서는 비단과 무명베 만큼의 차이가 난다고 할 것이다.

연고차는 황제에게 올리는 진상품으로 특별한 것이다. 때문에 쉽사리 만들 수도 없거니와, 그 가격이 비싸서 애호가라 할지라도 구하기가 쉽지 않다. 옛날에는 황제가 특별한 경우 신하에게 하사하기도 하였다. 이처럼 귀하고 비싼 탓으로 가짜가 나돌기도 하였는데 겉보기는 그럴싸하지만 그 맛은 비교할 수가 없었다고 한다.

차는 만드는 공정과 관리, 보관하는데 따라 가치기준도 달라지는 것이다. 이처럼 차는 인간의 정성이 모아져 이루어진 것일진대, 좀 더 진중하게 다루는 것이 차를 공부하는 사람이 알아두어야 할 상식이 아닐까 한다.

특히 가루차는 그 근본에 충실해야 하므로 옛 것(단차 만들기)을 분석하고 관찰하여 직접 만들어 보는 실습이야말로 바른 차생활의 정도가 될 것이며, 미래를 열어가는 과학적인 차생활에 보탬이 될 것이다.

필자가 그동안 받은 질문 중 연고차에 관한 것이 많았으므로 이에 언급하였다.

(1) 떡차餠茶의 종류

① 전차錢茶
② 벽돌차磚茶
③ 단차團茶
④ 월단月團
⑤ 각차角茶

이상의 차들은 모두 덩어리차로, 일명 떡차에 속한다.

이러한 덩어리차가 기록으로 분류된 시초는 당나라의 육우가 쓴 《다경》에서부터 비롯되었다. 그러나 그 이전부터 소수민족들은 떡차를 만들어 해를 묵혀가면서 두고두고 음미해왔다.

여기에서 육우가 정리한 차의 종류를 살펴보면 다음과 같다.

그는 《차마시기조》에서 차를 각차塝茶(조차粗茶 : 거친 차잎), 산차散茶(찌지 않고 건조한 잎차), 말차末茶(가루차), 병차餠茶(떡차) 등으로 분류하였다. 가루차는 떡차에서 만들어졌는데 그 쓰는 방법이 다르기 때문에 분리한 것이다. 떡차는 끓는 물에 부스러뜨린 떡차를 조금 넣어 우려낸 맑은 차를(당시 여러 가지 과실 등을 차와 섞어서 삶아 그 물을 따라 마시는 풍속이 있었음) 말한다.

육우가 《다경茶經》에 기록한 다법은 가루차를 위주로 하여 만들어졌으니 지금의 가루차법과는 약간 다르기는 하지만 그 근본 다도법茶道法은 육우로부터 비롯된 것이라 할 것이다.

(2) 찻잎 고르기

① 야생차가 상품이다.
② 재배한 차는 차등품이다.
③ 양지바른 벼랑, 그늘진 숲 속에서 나는 자줏빛 차가 상품이다.
④ 초록빛 차는 차등품이다.
⑤ 죽순 같은 찻잎은 상품이다.
⑥ 싹 같은 찻잎은 차등품이다.
⑦ 접힌 찻잎은 상품이다.
⑧ 펴진 찻잎은 차등품이다.

(3) 떡차 만들기

① 찻잎 따기 : 양력 4월, 맑고 구름 없는 날 자순紫筍과 녹아綠芽를
  딴다.
② 찻잎 씻기 : 찻잎에 묻어 있는 오물을 씻어서 제거한다. 중국의
  경우 황사바람으로 한번 오염되면 어린잎에 달라붙은 모래로
  차를 망쳐버리기에 반드시 씻는데 공을 들였다.
③ 찻잎 찧기 : 찻잎을 쪄서 찻잎이 식기 전에 찧는다. 이때 지나
  치게 익으면 문드러지고 또 오래도록 찧으면 차의 기운이 없
  어진다. 제 때에 완성시킨 것은 그 빛깔이 푸르고 자줏빛이 나
  지만 시간을 넘겨서 만들어진 것은 빛깔이 어둡고 검다.
④ 차 빚기 : 기름 먹인 비단을 깐 받침대 위에 동그라미, 네모, 꽃

모양 등의 여러가지 형태의 쇠틀을 올려놓고 절구에서 찧은 찻잎을 박아낸다.

⑤ 건조 : 틀에서 박아낸 차를 대발에 넣어 말린다.

⑥ 구멍뚫기 : 건조된 차를 불 쬐어 말린다. 특히 단차 중에 돈차(錢茶)는 가운데 구멍이 뚫린 것을 말한다.

⑦ 꿰기 : 대나무를 쪼개 만든 꼬챙이나 닥나무껍질을 꼬아 만든 꿰미에 마른 차를 꿴다.

⑧ 보관 : 장육기藏育器에 차를 저장한다.

(4) 차의 관리와 보관

① 차 굽기 : 보육기에서 꺼낸 떡차를 대(竹)나 쇠꼬챙이에 끼워서 불에 쬐어 굽는다.

② 발향 방지 : 두꺼비 잔등처럼 부풀어 오르면 종이 주머니에 넣어서 향기의 누출을 막는다.

③ 가루내기 : 차가 식으면 나무나 은, 또는 돌연으로 가루를 낸다.

④ 체질과 보관 : 가루낸 차는 비단체로 쳐서 합에 담아 보관한다.
(여기의 비단체란 보통 비단이 아닌 망사같이 성긴 비단이 한나라 견직물 중에 있었던 것으로, 비단망사는 이미 2000년 전부터 있어 고운 가루차를 만들 수 있었을 것이라 믿어진다.)

6. 연고차研膏茶

수아차水芽茶, 은선수아銀線水芽, 합고차合膏茶, 압고차壓膏茶 등이
연고차에 속한다. 이러한 귀한 차를 오래 보존하기 위해 겉에 밀납
이나 진귀한 기름을 발랐던 납면차臘面茶나 뇌면차腦面茶, 진고유珍
膏油 등이 나왔으나 오래가지 못하였다.

연고차는 차가 만들어진 이래 역사상 가장 고급차다. 당나라 때
가 떡차였다면 오대십국五代十國(907~957년)에 개발된 연고차는 송나
라 초기가 그 중심의 시대라고 할 것이다. 이 차는 고르고 만드는
방법의 어려움으로 오래 지속되지는 못했으나 호사가들을 만족시
키기에는 넉넉한 차였다. 만드는 방법은 다음과 같다.

(1) 찻잎의 등급

찻잎의 등급은 다섯 가지로 나누었다. 특급은 일창一槍의 싹이 백
합白合과 오체烏蒂(새싹을 감싸고 겨울 추위를 보호하는 갑옷 같은 껍질을 말함)
에 싸여 있는 실 같은 싹을 말하며, 두 번째는 작설·매 발톱 같은
것이고, 세 번째는 일창일기一槍一旗며, 네 번째는 일창이기一槍二旗
요, 다섯 번째는 쇤잎, 즉 노엽老葉을 말한다. 이중에 오체와 백합 속
에 싸여 있는 싹만을 골라 만든 것이 은선수아銀線水芽라고 하는데
가장 고급차로 연고차研膏茶, 또는 합고차合膏茶, 압고차壓膏茶라고도
하였다.

(2) 연고차研膏茶 만들기

① 찻잎 따기 : 해돋이 전에 손톱으로 끊어서 딴다. 이때 따게 되
는 오체와 백합이란 새싹이 생기면 동시에 투명한 새싹의 보
호막이 생긴다. 이 보호막은 일창이 되면 투명막인 오체와 백
합이 자연스럽게 떨어지지만 그렇지 않은 때는 가려내야 한다.
만약 이런 것이 섞여 있으면 차는 모두 버려야 한다고 하였는
데 그것은 차의 맛과 빛깔과 향이 모두를 상하기 때문이다.

② 차 씻기 : 차 싹은 네 번을 되풀이 하여 씻는다.

③ 찻잎 찌기 : 물에서 씻어낸 찻잎을 시루에 찐다. 지나치면 빛깔
이 누렇고, 덜 익으면 빛깔이 파랗고, 풀냄새가 난다.

④ 찻잎 식히기 : 시루에서 쪄낸 찻잎을 물을 뿌려서 식힌다.

⑤ 물 짜기 : 물로 식힌 찻잎을 소형 압착기에 얹어 놓고 물기를
짜낸다. 건안의 차는 맛이 맑고 효험이 커서 강남의 차와는 비
교가 안 된다. 강남차는 진액이 흐르는 것을 두려워하지만 건
안차는 오직 그 진액이 없어지지 않는 것을 겁내는 것이다.

⑥ 즙 짜기 : 물기를 짜낸 찻잎을 대껍질로 싸서 대형 압착기에 올
려놓고 건조될 때까지 차즙을 짜낸다.

⑦ 찻잎 갈기 : 질그릇으로 만든 가는 동이(研盆)에 한 개 분량의
찻잎을 넣고 물을 섞으면서 절구공이로 갈아낸다.

⑧ 비비기 : 연분研盆에서 갈아낸 차를 손가락으로 평미래질하고
비벼서 미끄럽게 한다.

⑨ 찍어내기 : 은이나 대나무로 만든 본에 찻잎을 넣고 박아내어
샛자리에 널어서 말린다.

⑩ 말리기 : 틀에서 박아낸 차를 센 불로 쬐고, 끓는 물에 통과시키기를 세 번 되풀이 한다. 차를 하룻밤동안 불에 쬐고 이튿날 여린 불에 통과시킨다. 처음에는 세찬 불에 쬐어 말리고 다음은 끓는 물에 통과 모욕시킨다.

⑪ 빛내기 : 차를 뜨거운 물 위로 통과시켜서 빛깔이 나면 밀폐된 방에 두고 급히 부채질을 한다. 그렇게 하면 빛깔과 광택이 자연히 빛난다.

⑫ 보관하기 : 배로焙爐에 넣지 않는 차는 밀봉하여 부들풀로 엮은 싸개에 담아둔다.

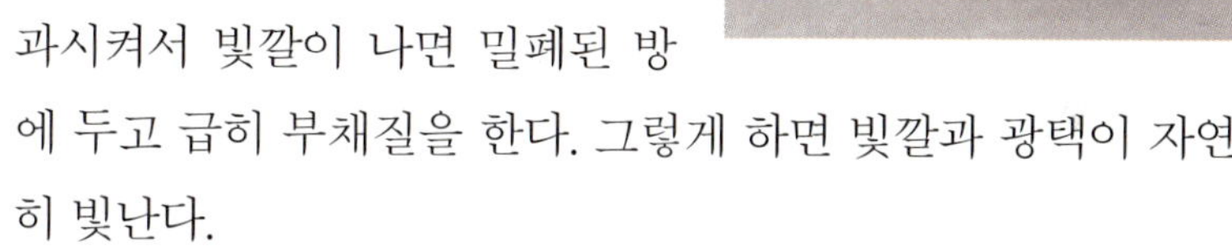

두터운 고형차는 10일에서 15일까지, 엷은 고형차는 6일에서 8일까지 말리고, 이렇게 만들어진 차는 '공물'로 들어가는데, 차는 부들의 싹으로 동여매고 황색 비단으로 감싸 꽃상자에 담아 은자물쇠로 잠근다. 그리고 다시 꽃상자를 비단으로 싼다. 이 차 한 개의 값이 4만 전이었는데 겨우 몇 사발 마실 정도의 양을 제공할 뿐이었다. 주칠朱漆한 꽃상자 한 상(小匣 : 花箱)에 가린 싹 49떡(餅)을 일 각一角으로 삼으며, 소용봉小龍鳳은 20떡을 1각角으로 삼는다. 꽃상자는 다시 부들의 싹으로 동여매고, 붉은 실로 묶은 다음, 다시 종이로 싸서 선명한 비단으로 싸되 가린 싹만은 누른 빛깔로 한다. 이렇게 한 것을 황제에게 진상했다.

연고차를 가루내어 점다를 하면 우유빛의 거품이 쌓이는데 이때 송宋에서 만든 천목완天目碗과 어우러지면 흑과 백의 아름다움이 극에 달하였다. 그러했기에 황제는 이를 석유차石乳茶, 백유차白乳茶, 적유차的乳茶라고도 하였다.

차에는 삼묘三妙가 있는데 첫 번째는 그 빛깔이 순백이고, 두 번째는 향기가 순한 본연의 향기이며, 세 번째는 맛은 달고도 미끄러운 것이 으뜸이라 하였다. 또 차에는 달고도 쓴 맛이 있는데, 약간 희미하게 냉하지만 독은 없으며 몸의 지나친 열을 물리치고 갈증을 없게 하면서 가래를 삭혀준다. 또 누창漏瘡, 감루疳瘻, 옹병癰病 같은 악성부스럼[연주창, 등창] 등을 다스리며 차에 쓴맛은 기를 가라앉히고, 음식의 소화를 주재한다고 하였다.

⑬ 차 달이기 : 차 굽기 → 차 분쇄 → 맷돌질로 가루 내어 → 체질 → 다시 연에 갈아 → 비단망사체로 친다 → 곱게 간 가루를 합에 담아 보관하는데 가루는 한지에 잘 싸서 보관함으로써 습기를 예방할 수 있다.

제2장

탕품

투각다로와 탕기

수주

제2장 탕품

1. 당나라 소이蘇廙의 16탕법

끓인 물(湯)이란 차의 목숨을 담당한다.[1] 아무리 이름난 차라도 끓인 물을 함부로 하면 평범한 가루차와 다를 바가 없다.

차 달이기에 있어서 물을 지나치게 끓였거나(노수老水) 덜 끓인 것(눈수嫩水)[2]을 말한 것이 모두 세 종류요, 차따르기의 느리기와 빠르기[3]를 말한 것이 모두 세 종류요, 그릇을 표준으로 한 것이 모두 다섯 종류요, 섭나무를 논한 것, 즉 불을 다룬 것이 모두 다섯 종류로, 물을 끓이는데 불과 기물(끓이는 탕기)에 따라 섬세하게 분석한 것이 바로 16탕법에 속한다.

---

1) 《관자管子》의 〈산권수편山權數篇〉에 있는 '곡식은 백성의 목숨을 담당한다(司命)'에 바탕을 둔 말이다.
2) 노수老水는 지나치게 끓인 물이고, 눈수嫩水는 덜 끓인 생 물을 가리킨다.
3) 명나라의 도융屠隆은 〈차전茶箋〉에서 차따르기에서는 완주緩注나 급주急注보다는 중용을 지키는 것이 좋다고 하였다.

(1) 제1품 득일탕得一湯

불의 공이 쌓이고, 물의 성품이 다하고, 말斗 속의 쌀처럼 저울 위의 물고기처럼 높낮이가 마땅하게 고르고, 과부족이 없는 것을 맞는 정도로 삼는다. 대저 하나로써 치우치게 섞지 않는 것이다. 하늘은 하나를 얻음으로써 맑아지고, 땅은 하나를 얻음으로써 편안하다.[4] 끓인 물은 하나를 얻어서 끓인 물의 공을 세울 수가 있다.

(2) 제2품 어린탕嬰湯

섭나무 불이 바야흐로 벗하고, 가마의 물이 끓기 시작하였을 때 얼른 차를 들고 빙빙 돌려서 기울이는 것은 마치 아직 웃을 줄도 모르는 갓난아이 같아서 거기에 장부 구실의 책임을 지우는 것은 어려운 노릇이다(若嬰兒之未孩).

(3) 제3품 백수탕百壽湯

물이 열 번 끓는 것은 사람이 백 살을 넘는 것과 같다. 혹은 이야기 때문에 막히기도 하고, 혹은 볼일 때문에 내버려두기도 하다가 열 번 끓인 뒤에 비로소 사용한다. 물은 이미 성품을 잃은 뒤이다. 감히 묻거니와 머리털이 희고 얼굴이 창백한 나이 많은 노인이 화

---

4) 이 대목은 《노자老子》의 제39장에서 인용된 것이다. 天得一以淸 地得一以寧

살로 과녁을 맞힐 수 있겠으며, 씩씩하게 높은 곳에 올라가거나 활달하게 걸어서 먼 길을 갈 수 있겠는가.

(4) 제4품 중탕中湯

거문고 타는 사람을 보라. 소리가 복판에서 합치면 묘하다. 또한 먹가는 사람을 보라. 힘이 복판에 합치면 진해진다. 소리가 느리고 빨라 제멋대로이면 거문고는 망하고, 힘의 느리기와 빠르기가 불규칙적이면 먹은 망하며, 끓인 물을 제때에 쓰지 않으면 차는 손상된다.

(5) 제5품 단맥탕斷脈湯

차가 이미 반죽이 되었거든 조화[5]로써 그 모양을 이루어야 한다. 만약 손이 떨리고 팔뚝에 힘이 있어 끓인 물이 지나치게 따라지는 것을 꺼려하면 끓인 물이 순하게 통하지 않는다. 이것은 마치 사람의 혈관이 기복起伏하여 기혈氣血이 막히는 것과 같다. 따라서 장수長壽를 바라도 얻을 수가 없으니 구차스럽게 죽음을 미워하거든 도망가는 것이 좋다.

---

5) 조화造化 : 차를 달일 때 가루차와 끓인 물이 융합되도록 대젓가락으로 휘젓는
   것을 말한다.

(6) 제6품 대장탕大壯湯

　역사力士의 바늘잡기와 농부의 붓잡기가 성공하지 못하는 까닭은
조잡하기 때문이다. 한 사발의 차는 아무리 많아도 두 돈[6]이 못되
고, 찻잔에 담긴 수량이 알맞으면 끓인 물 붓기는 육 부 정도에 지
나지 않는다. 만일 재빠르게 따라서 깊이 차면 차가 어디에 있는 지
도 모르게 된다.

(7) 제7품 부귀탕富貴湯

　금이나 은으로 탕기湯器를 만드는 것은 오직 부귀한 사람이나 갖
출 수 있는 노릇이다. 따라서 공을 드러내고 탕업湯業을 세우기란
빈천한 사람으로서는 이룰 수 없는 일이다. 탕기에 금이나 은을 사
용하지 못하는 것은 거문고에 오동나무를 사용하지 못하고, 먹에
아교를 사용하지 못하는 것과 같다.

(8) 제8품 수벽탕秀碧湯

　돌은 하늘과 땅의 빼어난 기운이 응결되어 형성된 것이다. 이것
을 다듬어서 그릇을 만들어도 빼어난 기운은 그대로 남아 있게 마
련이니, 그 그릇에 담긴 물이 나쁠 리가 있겠는가.

---

6) 두 돈二錢 : 한 근(약 596그램)의 1/16이 한 냥兩이며, 한 냥의 1/10이 한 돈이다.

(9) 제9품 압일탕壓一湯[7]

금이나 은은 좋기는 하지만 흔하지 않고 구리나 쇠는 값은 싸지
만 나쁘다고 한다면 사기병이 사용하기에 무난하다. 숨은 선비나
세상을 피하여 숨어 사는 사람에게는 이러한 종류가 가장 좋다. 그
러나 진기한 것을 자랑하고 호화스러운 것을 남용하는 공자孔子[8]에
게 무지를 깨우쳐 줄 수는 없는 노릇이다.

(10) 제10품 전구탕纏口湯

추잡한 사람이나 속된 무리들이 물을 끓이는 그릇을 어찌 신중하
게 선택하겠는가. 그들은 아마도 구리, 쇠, 백랍 등 물을 끓일 수 있
는 그릇이면 무엇이든 사용할 것이다. 이러한 물은 비린내가 나고,
쓰고도 떫어서 이를 마시면 오래도록 더러운 냄새가 입에 배어 사
라지지를 않는다.

(11) 제11품 감가탕減價湯

유약이 없는 질그릇은 물이 스며들어서 흙 기운이 있다. 이런 그
릇에 물을 끓이면 임금님이 마실 고형차라 할지라도 덕망과 명성이

---

7) 압일壓一 : 온갖 것을 제압한다는 뜻이다.
8) 공자公子 : 제후諸侯 또는 귀한 집안의 나이 어린 자제를 뜻한다.

줄어든다. 속담에 이르기를, '질그릇의 차병(다관)을 쓰는 것은 다리가 부러진 준마를 타고 높은 데에 오르는 것과 같다.'고 하였다. 애호가는 기억해 두기를 바란다.

옹기와 같은 약탕관에 물을 끓이는 것도 무방하다. 단, 약을 끓였던 그릇으로 물을 끓이는 것은 안 된다.

(12) 제12품 법률탕法律湯

무릇 모든 나무는 물을 끓일 수가 있다. 단지 숯에 국한되는 것이 아니다. 다만 끓인 물을 끼얹어서 마시는 찻물[9]은 숯이 아니면 안된다. 다가茶家[10]에게도 법률이 있기 때문이다.

물은 머무르기를 꺼리고[11] 섶나무는 연기가 나는 것을 꺼린다. 이 절제를 어기고 법을 넘으면 끓인 물은 어그러지고 차는 위태로워진다.

---

9) 끓인 물을 끼얹어서 마시는 찻물(沃茶之湯). 육우의 《다경》에도 '(고형차를) 쪼개고 볶고 굽고 절구질하여 항아리나 양병 속에 담아서 끓는 물을 끼얹어 담그는 차를 엄차淹茶라고 한다.'는 대목이 있다.
10) 화가·음악가·소설가에서처럼 '집 가家'자는 '기예技藝에 일가견을 가진 사람'에게 붙여지는 것이다. 따라서 다가란 다도 전문가를 뜻한다.
11) 육우의 《다경》에도 '산골짜기에 많은 샛줄기는 맑게 잠긴 채 새어나가지를 않아서…… 마시는 사람은 물꼬를 터놓아 나쁜 것을 흘려보내고 새로운 샘물이 졸졸 흐르게 한 다음에 잔질하는 것이 좋다.'는 대목이 보인다.

(13) 제13품 일면탕一面湯

　나무를 태운 끝의 밀기울 같은 불이나, 혹은 타다 남은 약한 숯은
본체가 이미 없어져서 성미가 가볍다. 성미가 가벼운 불에 끓인 물
은 끝내 어려서 불만스럽다. 숯은 그렇지가 않으니 끓인 물의 참다
운 벗이다.

(14) 제14품 소인탕宵人湯

　차란 본래가 신령스러운 풀이라 나쁜 기운이 닿으면 썩는다.[12]
　분화[13]는 뜨거울지라도 나쁜 성미가 덜 없어져서 이것으로 물을
끓여서 차에 끼얹으면 향기와 맛이 줄어 없어진다.

(15) 제15품 적탕賊湯

　대나무나 가는 대篠의 끝을 바람이나 불로 말려서 태우면 자못 심
하고 시원하게 탄다. 그러나 근본적인 성미가 약하고 가벼워서 중
화의 기운이 없어, 차의 잔적殘賊이 된다.

---

12) 육우의 《다경》에도 '(섶나무는) 진이 있는 나무와 썩은 그릇은 쓰지 않는다.'는
　　대목이 보인다.
13) 분화糞火 : 짐승의 대변을 말려서 땔감으로 쓰는 풍습은 지금도 세계 여러 고장
　　에 남아 있다.

(16) 제16품 마탕魔湯

　맛 좋은 차(調茶)는 끓인 물의 착하기와 더럽기에 달렸다. 그리고 끓인 물은 연기를 가장 미워한다. 섶나무 한 가지를 태워서 짙은 연기가 방안을 뒤덮는다면 어찌 좋은 물을 얻겠는가. 구차스럽게 이러한 물을 쓰게 된다면 또 어찌 좋은 차를 얻겠는가. 이런 것을 대마大魔라고 하는 까닭이다.

2. 칠탕법七湯法

　여기에 기록한 칠탕법은 송나라 휘종 황제(1100~1125)가 쓴 대관다론大觀茶論 중에 점(點 : 점다)편의 1탕에서 7탕까지의 기록이다. 가루차의 양量과 물끓임, 물의 양量, 차선茶筅으로 휘젓는 방법 등에 따라 성근 별과 밝은 달이 차연히 살아난다.’ 또 ‘둥근 구슬과 네모난 구슬과 같은 거품이 높이 쌓인다.’고 하였고, ‘눈이 엉키어 모이듯 향기가 극진하다.’고도 하였다.

　이상과 같이 한 사발의 차를 이토록 오묘하고 지극함이 그 무엇으로도 비교할 수 없을 만큼 신묘하게 느껴지는데 이러한 결과는 차는 지극정성으로 실행을 하지 않고는 안 된다는 결론이 나오게 된다.

제1탕

　아교처럼 반죽한 차를 담고 찻잔의 경계를 두르듯이 물을 따르되 차를 적시지 않도록 한다. 또 기세가 너무 날래서도 안 된다. 먼저 차 반죽을 느리게 뒤섞으면서 점차적으로 격불을 가속화한다. 손은 가볍고 차 솔은 무겁게 하면서 손가락을 에워싸듯이 팔을 빙글빙글 돌린다. 그러면 상층과 하층이 투명하게 되어 효모나 누룩이 밀가루를 발효시키듯이 부풀어 작은 별과 희고 밝은 달이 천연히 생긴다.

제2탕

　차의 표면에 직접 따르고 둘레를 한 줄기 돌린다. 급히 따르고 급히 멈추면 차의 표면은 움직이지 않는다. 격불을 힘차게 하면 점점

윤이 나기 시작하여 둥글고 네모난 구슬과 같은 거품이 높이 쌓인다.

제3탕

수량의 많고 적음은 전과 같은데, 격불은 점차 가볍고 고르게 하는 것을 귀하게 여긴다. 한 바퀴 돌아서 제자리에 돌아와 차의 표면에서 속까지 환히 통하게 되면 좁쌀무늬나 게눈이 뜨고 모여 뒤섞이면서 일어난다. 차의 빛깔은 이미 십 중 육, 칠까지는 얻어진 것이다.

제4탕

아끼듯이 한다. 솔은 끝을 굴리듯이 느슨하게 해야 하며 빨리 하면 안 된다. 그러면 차의 깨끗하고도 순진하며 화려한 색채가 이미 환하게 나타나서 구름안개와 같은 거품이 점차 생긴다.

제5탕

분량은 약간 멋대로 따른다. 솔은 가볍고 고르게 하되 통하여 뚫리게 한다. 혹시 거품을 피우기가 미진하면 부딪히기로 일으키고, 이미 지나쳤으면 떨어버리기로 거두어들인다. 그리하면 깊은 아지랑이가 모이고 눈이 엉기어 향기가 극진하게 된다.

제6탕

거품의 모양을 보고 젖 같은 액이 힘차게 일어나거든 솔로 붙여서 느슨하게 두르고 적당히 떨어낸다.

제7탕

　가볍고도 맑은 것과 무겁고도 흐린 것을 분간하여 희박함과 조밀함을 자세히 보아 중용을 얻도록 따르고 소망스럽게 되면 멈춘다.

　그러면 젖 같은 안개가 끓어올라 잔을 넘쳐서 일어나 둘레에 엉겨서 움직이지 않게 된다. 이것을 잔물림(咬盞)이라 한다. (참고 : 대관다론)

거북맷돌(가루차 옥맷돌)

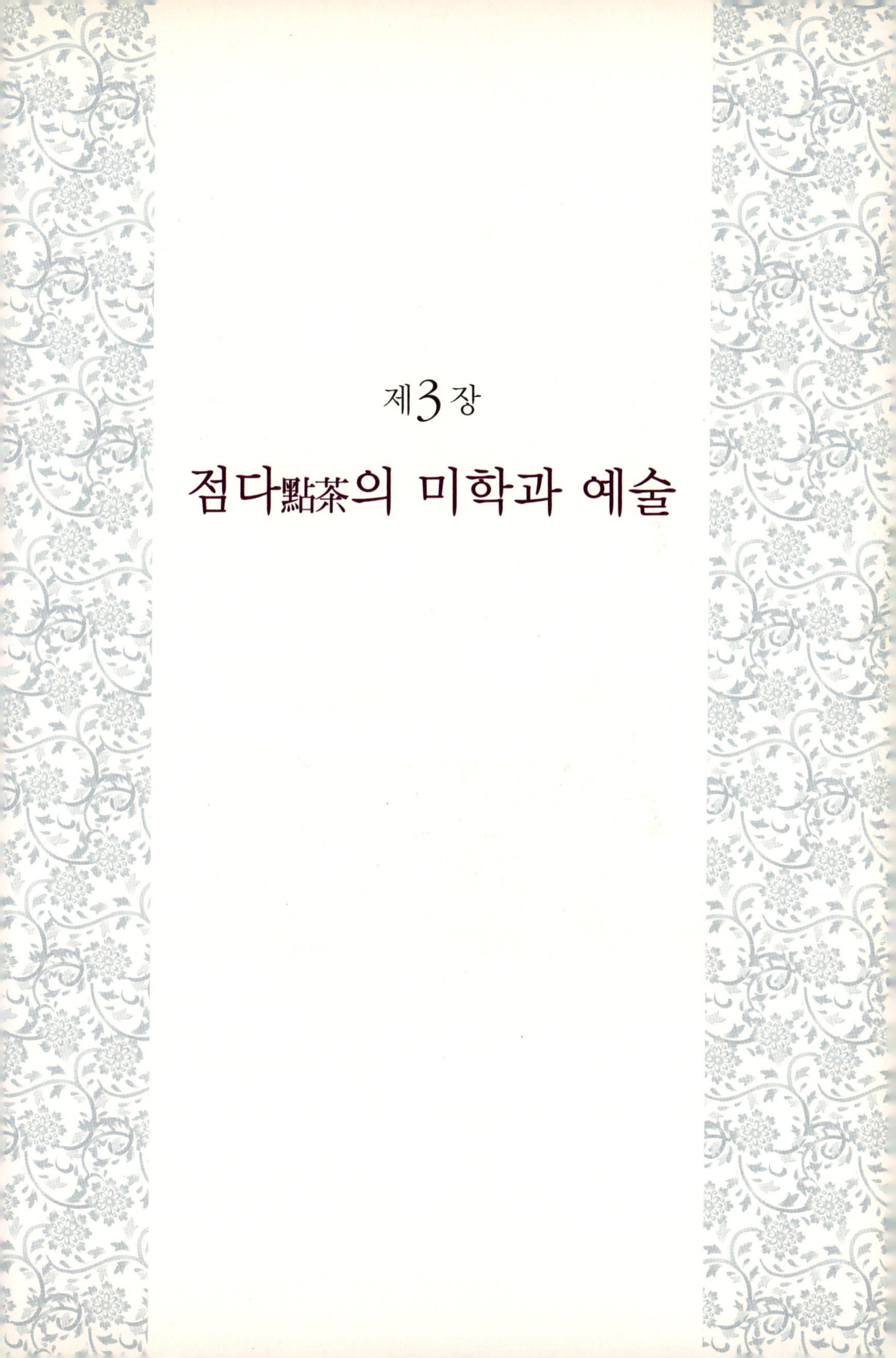

제3장
점다點茶의 미학과 예술

투각다로와 탕기

제3장 점다點茶의 미학과 예술

1. 점다點茶의 기록

점다란 찻사발茶碗을 예온豫溫한 후 물기를 닦아낸 다음 찻가루 일인 분을 넣고 탕수를 부은 후 차선으로 고루 잘 저어서 거품 내는 것을 말한다.

다법의 기록에 의하면 점다 이전에는 점복點服이라 하였고, 그 전의 기록은 당나라 육우가 솥에서 탕을 끓여 소금으로 간을 한 다음 가루차를 사람 수에 알맞게 넣어서 대젓가락으로 저어 거품이 일면 그 거품과 찻물을 고루 사발에 나누어 떠 마시는 것으로 기록되어 있다. 차가 점차 발전함에 따라 점복에서 점다라 하였는데 이 점다는 휘종황제가 쓴 《대관다론》에 기록되어 지금까지 전해져 온 것이다. 이러한 점다법은 매우 과학적이며 기품 있는 행위로 인정받게 되었다. 차의 기법과 찻사발의 발달이 동시에 이루어지면서 찻사발茶碗은 당 후기에서 오대에 이르러 번창하기 시작하여 송대에는 세계적인 명품이 쏟아져 나오게 되었다.

송나라에서는 천목완天目碗이 나왔고, 고려의 상감청자象嵌靑瓷 기법도 점다의 전성기에 생산된 명품이다.

고려 성종 원년(재위 982~997년)에 성종은 공덕제를 설치하고, '차를 맷돌에 친히 갈기도 하고, 보리도 갈기도 하니, 신하들이 걱정하여 말렸으나 듣지 않았다.' 라고 하였다.

그간 송나라와 고려와의 교류에서 예물을 서로 주고받고 하였는데 그 기록을 살펴보면 송나라에서 보내온 선물 중에 다음과 같은 것들이 있었다.

- '고려 문종文宗 32년(1078년) 용봉차龍鳳茶 10근을 금은으로 도금한 죽절합자竹節合子에 한 근씩 넣어 명금明金 5채로 장식하고 요화판腰花板 주칠갑朱漆匣에 담아서 붉은 꽃무늬 수놓은 비단 겹보에 각각 쌌다.' 라는 기록이 있다. 귀한 차라고는 하지만 지나칠 정도로 화려함에 놀라울 따름이다.

  당시 고려에서도 송나라로 보내는 선물은 매화를 수놓은 붉은 겹보자기에 싸고나서 다시 겹수를 놓은 비단 덮개로 덮었다는 기록이 있다.
- 고려 예종睿宗 12년(1117년) 여러 왕족과 양부兩府의 대신들이 청연각에서 잔치를 벌였다. 이때 송나라 황제가 보내준 계향어주桂香御酒와 용봉명단龍鳳茗團과 진귀한 과실과 기물을 사용하였는데 예종의 부름을 받고 간 곽여郭輿는 청연각에서 쌍각용차雙角龍茶氣를 받아 마시고 다음과 같은 시를 읊었다.

청연각에서 친히 내리신 쌍각용차 淸燕閣親賜雙角龍茶

두 뿔이 굽은 용이 작은 덩어리 차에 들어 있는 것은 雙角盤龍入小團

봄 추위 타고 촉산에서 새로 딴 것. 蜀山新採趁春寒

갑자기 돌아서 어수로 친히 저어 내리시니 俄回御手親提賜

이슬과 좋은 향기에 두루 휘감기네. 露氣天香趁一般

이상과 같이 전하가 직접 차를 내리신 것을 보면 당시의 차 문화가 얼마나 번창하였는지를 가늠하여 볼 수 있겠다.

그러기에 '차가 흥하면 나라가 흥한다.'고 하지 않았던가.

고려 조정에서는 사신을 환영할 때도 다례로 맞이하고, 떠날 때도 다례를 행하여 전송하였다. 이러한 접빈다례는 조선조에까지 이어져 왔는데 임진란으로 인해 급속도로 쇠퇴했으니 이것이 어찌 차뿐이랴! 나라 안이 온통 어지러우니 규범이 무너질 지경에 이르렀으나 그래도 조상 제례를 신봉하는 마음만은 변함이 없었기에 순백자의 제기가 나오게 되었고, 제기 찻사발에는 차茶자를 새겨 놓았으니 사대부가에서는 제사 때 차를 올렸던 것으로 보인다.

또 명절에는 차를 반드시 올렸었는데 지금은 일년에 한두 번씩 명절에 고향 가는 것을 차례로 알고 있으니 한심하기도 하다. 지금부터라도 건강한 정신과 건강한 몸으로 행복을 누리고자 한다면 차를 마시는 것이 빠른 효과를 볼 것이라 믿는다.

2. 유화流華의 종류

점다하는 차는 한 가지가 아니라 그 기본에서 수 십 가지로 나눌 수 있다. 이것이 점다의 매력이다. 이러한 묘기妙技를 실천하다 보면 어느새 예술로 승화할 수 있는 가능성으로 다가가 투다鬪茶나 명전茗戰으로 종합 평가를 하는 경지에 이르게 된다. 한 걸음 더 나아가 형이상학적인 점다 창작술을 꽃피우는 세계로 접근하여 차의 실제와 정신세계까지 도달하게 되면 철학과 예술로 승화하는 계기가 다가오는 것이다.

① **일발점**一發點
② **정면점**靜面點
③ **죽면점**粥面點
④ **운각면점**雲脚面點
⑤ **일월성점**日月星點
⑥ **녹조류화**綠棗流花
⑦ **설유점**雪乳點
⑧ **농차**濃茶
⑨ **박차**薄茶

① 일발점一發點이란 찻사발에 차를 넣고 끓인 물을 부으면서 손과 차솔을 강하게 휘저어 한번에 거품이 부글부글 일어나게 하는 것을 말한다.
② 정면점靜面點은 차 반죽에 끓인 물을 붓고 손은 무겁고 차솔은

가볍게 手重筅輕하여 좁쌀무늬나 게눈 栗文蟹眼이 없게 하는 것을
말한다.

③ 죽면점 粥面點은 일명 죽면차라고도 한다. 그러나 이때의 죽면
은 일반적인 곡식으로 쑨 죽을 말하는 것은 아니다.
죽면이란 차의 섬세한 거품이 차 전체를 덮어 마치 죽을 담은
것 같은 모양이기 때문에 붙여진 이름이다. 그 아래에는 찻물
이 있어 다른 그릇에 옮기게 되면 찻물이 먼저 따루어지고 그
다음, 거품이 이어 따루어지게 된다.
중국 사료에 의하면 죽면차는 시인 묵객들이 즐겨 마셨다고
한다. 북송 중기에는 '고형차 뿐만이 아니라 산차 散茶를 갈아
서 쓰기도 하고 일주차 日鑄茶 등으로 죽면차를 만든다.' 라고 하
였다.

④ 운각면점 雲脚面點은 탕은 많고 가루는 적어 제 아무리 격불을
하여도 차의 거품은 바람탄 구름처럼 흩어지게 된다.

⑤ 일월성점 日月星點은 격불과 차선을 쓰는 방법에 따라 일군 거품
이 은하계를 이루면서 해와 달의 거품이 뚜렷하게 나타나는
것으로, 정면점 靜面點과는 정반대되는 현상을 말한다.

⑥ 녹조류화 綠棗流花은 대추꽃이 연못에 떠내려가듯, 또는 부평초
가 떠 있는 듯한 상태를 말하는데, 이러한 현상은 차가 많으면
성공할 수 없다.

⑦ 설유면점 雪乳面點은 백설이나 우유빛 같은 흰거품이 쌓인 상태
로 거품이 두꺼운 상태를 말하는데, 맛은 매우 부드럽고 아름
답다.

⑧ 농차 濃茶는 일명 일본에서 '고히차' 라고 하는데 이 말은 진한

차라는 뜻이다. 우리나라나 중국에서는 기록으로 남아 있는 것을 아직 보지 못 하였다. 다만 북송 때의 죽면차가 일본의 고히차濃茶와 비슷한 것으로 보여진다. 농차라 하면 큰 다완에 한꺼번에 타서 돌아가면서 한 모금씩 나누어 마시는 것으로 알려져 있다.

⑨ 박차薄茶는 '우스차'라고 하는데 이 차는 농차에 비해 가루는 4/1 정도로, 거품을 내거나 기교를 부리지 않고 조용히 저어서 마시는 것을 품위로 삼고 있다.

3. 오색의 가루차五色末茶

가루차(細末茶)가 가장 발달된 시기는 고려 때다. 우리나라는 송나라와 빈번한 교류로 고급 단차團茶가 수입되기도 해서 황실에서 선물을 받은 차를 왕자와 신하에게 나누어준 예도 있다.

여러 가지 차품 중에 최고품에 속하는 연고차나 용봉차, 또는 은선수아 같은 상등품의 덩어리차의 변질을 막기 위해 그 표면에 진기한 고유(珍膏油)를 발랐었다. 이러한 단차가 발효되면서 고유膏油에 따라 자연스럽게 오색五色의 가루차가 생산되게 되었다.

오색의 차에 따라 점차 어울리는 찻사발이 만들어지게 되었고, 이러한 조화는 다시 차겨루기(鬪茶)라는 기예技藝가 발달하게 되면서 정신적 수행과 쌍벽을 이루는 차원으로 정착되게 되었던 것이다. 오늘날에 있어서는 포장법의 발달로 고유를 바를 필요가 없으니 차의 진미를 버리게 되는 일도 없을 것이다.

다양한 차 빛깔의 예

(1) 차의 빛깔色

'차의 빛깔은 흰 것을 귀하게 여긴다(茶色貴白). 그러나 떡차는 흔히 그 표면에 진귀한 고유를 발랐기 때문에 파랑·노랑·자주·검정(而餠茶多以 珍膏油其面 故有 靑黃紫黑之異) 등으로 빛깔이 다르다. 차를 감별하는 사람은 마치 관상쟁이가 사람의 특징을 꿰뚫어 보는 것과 같이 신중하게 속을 살피어 윤이 나는 살결을 으뜸으로 삼는다.

이미 가루 내어 황백색이 된 것은 물기를 받으면 상서롭고 밝다. 그러기에 건안 사람들의 차 겨루기에서는 청백색이 황백색을 이긴다.' (주 : 《다록》상편)

이처럼 차 겨루기는 단순히 한 가지로 가려내는 것이 아니라 차와 물과 찻사발(茶碗), 그리고 맛과 향을 기본으로 거품의 상태나 모양의 조화가 무궁무진한 기예技藝로 발전했던 것이다. 이것을 운행하는 다법茶法의 진행에 있어서 오직 주일무척主一無適하는 데는 섬세하고 강한 인내심이 없이는 그 능력을 발휘하는 데에 한계가 있다. 즉 집중력을 모으는데 오직 인내력을 필요로 했다.

(2) 차와 다완의 조화

차의 빛깔이 희면 검은 빛깔의 다완이 어울리고(茶色白宜盞(碗)), 다음은 짙은 남빛을 띤 검은 토끼털 무늬가 어울린다 하였다. 그리고 차의 빛깔이 담황색은 청자의 사발이 제격이다. 송宋·원元 대에는 유백색의 찻물에는 청자 또는 흑유黑釉의 사발이, 연두빛 찻물에는 백자의 찻잔이 사용되었다.

건안(복건성)에서 만들어진 것은 짙은 남빛을 띤 검은 빛인데 무늬는 토끼털과 같고, 그 잔은 정묘하고 두꺼워서 불에 쬐면 오래도록 뜨거워 쉽사리 차가 식지를 않으므로 요긴하게 쓰이기에 가장 좋다고 채양蔡襄은 말하고 있다.

오대五代 때 자요紫窯에서 나온 제품 중에 '푸르기가 하늘과 같고, 밝기가 거울과 같고, 소리는 경쇠(磬 : 옥돌로 만든 악기) 같다.' 라고도 하였는데, 이러한 도자기는 제아무리 아름답다 하여도 찻사발로서는 합당하지 않다. 눈같이 희고 종이장 같이 얇으면 뜨거운 물을 감당하기 어렵기 때문이다.

모든 다기구의 성립 조건에는 아름다운 것에 앞서 사용함에 불편함이 없어야 한다. 상하의 두께와 넓이가 알맞아 형태가 건강하고 상하체가 팔등신을 방불케 균형이 잡혀야 하는데, 유약과 소성에 따라 하나로 일치한다는 것은 결코 쉬운 일은 아닐 것이다.

찻사발에 어느 정도의 두께는 보온의 효과를 위해 차를 피우기에 필요한 조건이다. 그러기에 쉽사리 식지 않는 돌그릇도 도자기와는 어깨를 겨눌 만하다.

명나라 도융屠隆은 《고반여사考槃餘事》에서 '돌은 하늘과 땅의 빼어난 기운이 응결되어 형체가 부여된 것이다. 이것을 쪼아 다듬어 그릇을 만들어도 빼어난 기운은 오히려 남아있기 마련이니 그 그릇에 담긴 물이 나쁠 리가 있겠는가.' 라고 하였다.

(3) 잔 데우기(협완燴盌 예열豫熱)

잔 데우기는 점다에 있어서 반드시 행하여야 하는 통과의례이다.
그것은 차가 보유하고 있는 300여 종의 성분과 색·향·미 등의 능
력을 최대한 발휘할 수 있도록 도와주는 역할을 맡고 있는 것이다.
그러기에 옛날에는 잔 데우기를 불에 쬐었으나 지금은 뜨거운 물로
헹구어 쓰고 있다. 이때 물기가 없는 것이 좋으나 물기를 닦는 동안
에 찻사발이 식으므로 물을 따를 때에 물기가 남아있지 않도록 따
르는 것도 한 방법이 될 것이다.

모둠바구니

4. 차 겨루기(茗戰 — 鬪茶)

투다鬪茶란 차 겨루기를 말한다. 두 사람 이상이 모여 차의 색·향·미를 감별하여 차의 산지를 알아 맞추거나 거품의 상태를 정해두고 정한 형태에 알맞게 완성하여 그 솜씨를 자랑하는 놀이이다. 이와같이 투다에서는 기능적인 것과 예술적인 면을 평가하여 차와 도자기의 발전을 촉진시켰다. 그래서 고려 때에 이르러 우리 특유의 청자를 탄생시키기도 하였던 것이다.

특히 명전茗戰은 패를 갈라 거품으로 정면점靜面點, 죽면점粥面點, 운각雲脚, 일월성면점日月星面點 또는 거품으로 산수화山水畵를 피워내기도 하고 더러는 태극선을 그리기도 하는데, 이러한 점다의 기술적인 손놀림은 두뇌회전을 원활하게 해줌으로써 몸도 마음도 건강하게 되는 것이다.

이와 같은 차 겨루기에는 명사들도 예외일 수 없었다. 그들의 행적이 어떠했는지는 아래와 같은 기록을 보면 짐작할 수 있다. 고려의 문인이자 정치가였던 이규보(1168~1241년)는 〈유차孺茶〉라는 시에서 이렇게 읊고 있다.

— 전략

벽돌 화로의 불꽃 숯불에 달여서 시험하는데

꽃무늬 오지사발에 손수 달여

빛깔과 맛을 자랑하네.

— 후략

시인 김극기金克己(1148~1209년)의 〈꽃사발〉이라는 시를 보자.

  불꽃 솟는 숯불로 향기로운 차를 시험하는데
  꽃무늬 오지사발에 흰 젖빛이 뜨네.
  향기로우며 달아서 맛은 더욱 뛰어나고
  한 모금 마시니 백 가지 근심이 없어지네.
  ─ 후략

  고려의 문장가 이제현李齊賢(1287~1367년)은 〈송광화상이 햇차를 보
낸 은혜에 붓 가는 대로 적어 방장 밑에 붙여드리다〉라는 시에서 차
끓이는 광경을 이렇게 묘사했다.

  돌솥에 목매인 솔바람소리 울리고
  오지사발에서는 어지러이 맴도는 젖빛 거품을 토하네.

  고려 말 공민왕 때 밀직사와 감찰대부를 겸직한 이연종李衍宗(1352
~?)이 말년에 함양부원군인 치암恥庵 박충좌朴忠佐(1287~1349)로부터
차를 선물 받고 어린 시절에 차 겨루기를 한 추억을 시로 읊었는데
그는 차 겨루기를 여러 번 했다고 술회하였다. 그의 시 〈차를 주신
박지암에게 사례한다〉를 보자.

  ─ 전략
  사미는 삼매의 솜씨라 절로 빠르고
  사발에 설유 날리기를 그치지 않네.

　― 중략

솔바람 솥에 들어가서 쇠쇠하니

듣기만 해도 마음과 귀를 맑게 하기에 넉넉하게

찻주발에 가득하여 찻기가 한가히 오르고 맛이 짙으니

마시자 너무도 시원하여 골수를 바꾸는 것 같네,

　― 후략

고려에 와서 차가 번성함에 따라 시문학과 도예까지 또 그림이나 공예분야까지도 발전하였던 것이다.

앞으로는 세계적인 건강음료에서부터 모든 식품이나 미용에 이르기까지 차와 연관된 상품이 쏟아져나올 수 있겠으나 오로지 녹차 하나로 정신세계의 경敬과 신信을 아울러 인화人和하는 자리가 바로 행다의 다례법에 있는 것이리라.

꽃황차

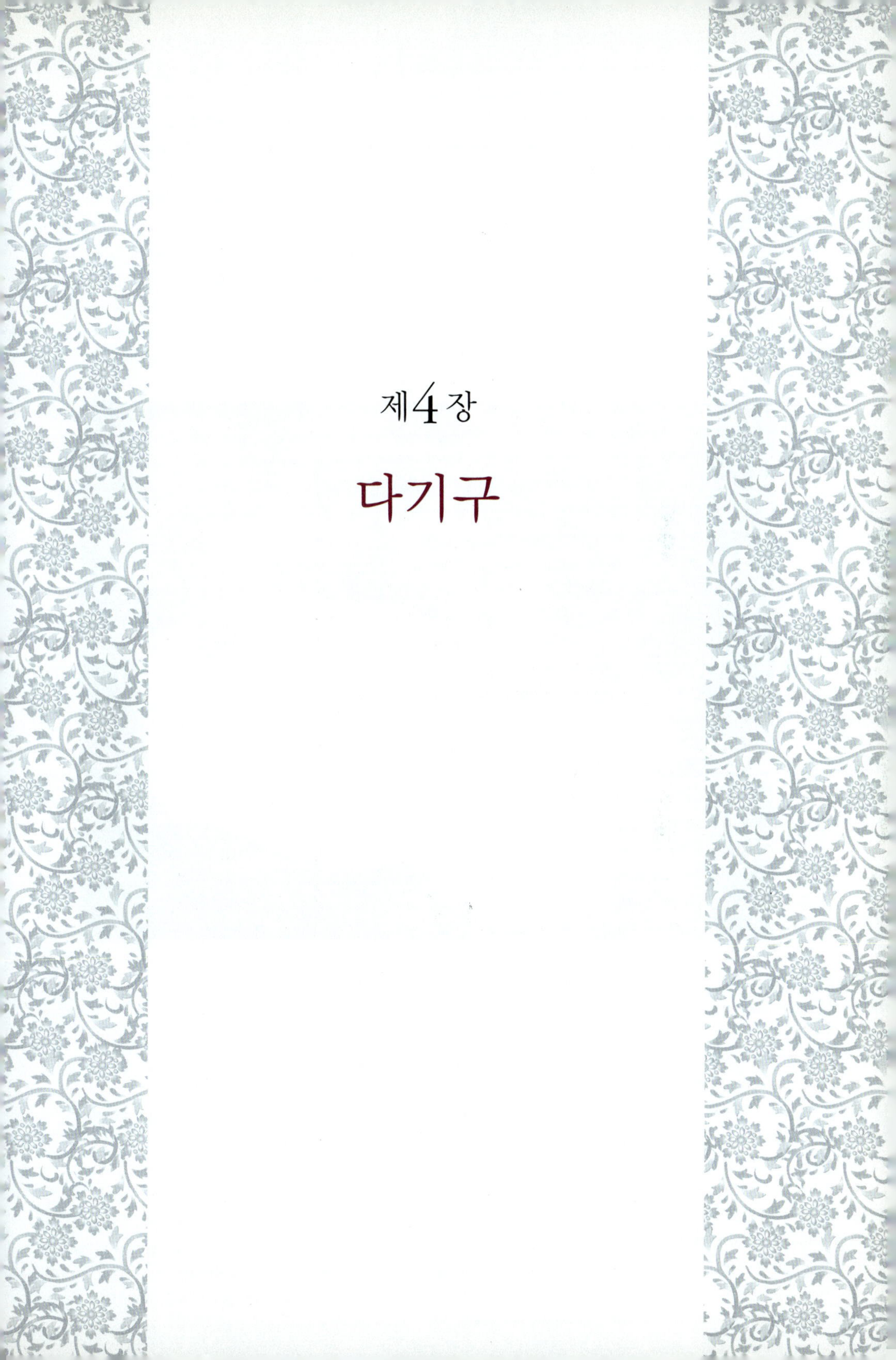

제4장

다기구

옥지조

제4장 다기구

1. 불과 물(탕품)

차茶가 차의 구실을 다하기 위해서는 탕품이 온전해야 하는 것이 첫째다. 그러기에 당나라 사람 소이蘇廙는 찻물 끓이기(탕품)를 16가지로 분리했던 바 그 내용은 앞에서 살펴본 바와 같다.

처음 그 기록을 보고 무엇이 이토록 복잡한가 하고 의아하게 생각하였으나 그간 여러 경험을 통하여 살펴 본 결과 차茶를 차茶답게 일구워(末茶), 또는 우려 마시려면 탕수가 온전하지 않고서는 그 진품위眞品位를 발휘할 수 없다는 것을 깨달았다. 이것은 옛날이나 지금이나 똑같다는 생각이다.

지금은 물도 옛 물이 아니요, 불도 옛 불이 아니며, 가루차의 제다법도 많이 달라졌다. 그런데 이상한 것은 이미 기록된 탕법을 소홀히 하면 그 후유증이 곧바로 나타나 물 비린 냄새가 나며 떫덜하고 쓸쓸하여 입안이 산뜻하지 않고 무겁게 느껴진다. 생수를 끓이기만 하면 모든 물맛이 해결되며 모든 잡내음이 없어질 것이라고 생각하지만 물은 끓으면 그 본성이 더욱 더 예민하여 잡내음을 조금도 용납하지 않고 그 결점을 바로 드러낸다.

또 탕관이나 차가 깨끗하지 않으면 물 비린 냄새와 더불어 차의 약점을 들추어내는데 그 역할을 훌륭하게 해내는 것이 탕수의 위력이다.

제 아무리 좋은 차라고 할지라도 조금만 불기(火氣)가 지나쳤다면 끓인 물에서는 절대로 용납하지 않는다. 즉 끓인 물은 제 몸을 깨끗이 할 뿐만 아니라, 어떠한 물질에 있어서도 그 물질의 본성인 온전한 맛과 부실한 맛을 확실하게 드러내 잘 알 수 있게 한다. 보통 끓인 물이 아니면 그냥 넘어갈 수 있는 것도 탕수를 만남으로 인해 숨겨진 결점이 그대로 드러나기 때문에 화기火氣나 이물질에 조금만 오염이 되어 있어도 차는 탕수 앞에 납작하게 엎드려 고백하지 아니 할 수 없게 된다.

노자는 "가장 부드럽고 가장 낮은 자세로 흐르는 것이 물이지만 물을 이길 수 있는 것은 이 세상에 아무 것도 존재하지 않는다."라고 하지 않았던가. 제 아무리 세상이 변하고 또 변하였다고 하지만 물은 본래의 본성을 아직도 잃지 않고 있다.

(1) 탕기湯器

탕기란 물을 끓이는 기구器具를 말한다.

찻물을 끓이기에 적합한 탕기는 은으로 만든 것을 제일로 삼았고, 그 다음으로는 돌로 만든 것이 좋다고 하였다. 이러한 탕기는 끓인 물에 잡내음을 없애주는 역할과 물이 쉽게 식지 않게 해주는 특성이 있다. 다음으로는 도기나 쇠·구리·놋쇠 등이 있으나 이러한 것은 자칫 물 비린 냄새를 풍겨 찻물로는 합당하지 않으니 차라리 전기 포트를 쓰는 것이 나을 것이다.

이상과 같은 탕기 중 은탕기는 깨어질 염려가 없으니 영구적이며 물을 정제해주기 때문에 수돗물의 소독 냄새까지도 제거된다. 돌탕관도 이에 못지않으나 오래도록 두고 쓰려면 각별한 비법을 알아야 한다. 바로 돌탕관의 겉과 속을 잘 다스려야 한다. 돌탕관의 겉은 솔가지 불의 연기로 돌의 조직에 아교질 코팅이 되고 속은 소금물이나 미역국을 오래 끓이면서 

간국물의 아교질로 코팅이 된다. 그렇게 하면 끓이는 물맛도 좋고 쉽사리 깨어지지도 않는다. 처음부터 센 불과 맑은 물을 쓰게 되면 돌의 진기가 쉽사리 파괴되어 쉽게 깨어지게 된다. 만약 쇠탕기를 쓰다가 녹이 슬었을 경우에는 그 쇠탕기에 팥을 삶아 녹을 제거한다는 기록이 있다.

(2) 다로茶爐

다로는 크게 풍로형과 화로형으로 두 가지로 나누어진다. 풍로형은 주로 밖에서 쓰고, 화로형은 실내에서 쓰는 것이 보통이다.

재질은 토기로 만들어진 것과 돌·쇠·동·도자기·놋쇠·은 등으로 만들어진 것들이 있다. 지금은 숯불을 쓰지 않으므로 옥이나

도자기로 만들어진 것이 투각다로 등이 등장하였고,(필자의 저서《다
도구의 미학》55쪽) 유리로 된 불 받침도 있어 화로의 대용으로 쓰이고
있다. 이러한 것은 매우 간편하여 앞으로 얼마든지 발전할 수 있을
것이다.

　우리의 전통적인 의식다례를 할 때에는 될 수 있는 한 전통을 지
켜 옛것을 갖추어 다례를 행하는 것이 차례를 지키는 사람으로서의
예의요, 상식이며, 문화를 지켜가는 양심이 될 것이다.

(3) 찻사발茶碗

　다완茶碗이라고 하는 찻사발은 가루차를 마시는 그릇으로, 언뜻
보면 그 형태는 거의 모두가 비슷비슷하다. 그러나 태토에서부터
성형 → 장식 → 초벌구이 → 유약 → 소성의 순을 따라 나타나는
특징은 산화염·중성염·환원염에 따라 조화로운 변신을 이룬다.
그런 과정에서 간혹 상상력을 초월하는 예술품을 탄생케 하는 수도
있다.

　지금까지 찻사발의 종류는 대략 12가지 정도로 나눈다. 그리고 찻
사발의 조성造成, 즉 성형에는 무언의 법칙이 있다. 즉 찻사발을 보
는 사람으로 하여금 아늑하게 느끼게 하고 무한의 상상력을 유발케
하여 신비로움에 사로잡히게 하는 그 무엇이 바로 통해야 한다고
나는 감히 말한다. 정관과 직관의 평가도 평가로 통하기 때문이다.

　다기구 중 찻사발은 다도의 중심에 있으면서 아름다움과 신비로
움을 지닌 그릇이다. 마력으로 주술적인 의미까지 지니고 있어 도

자기나 차를 좋아하는 사람들을 매료시키는 신비의 그릇이다.

(4) 찻잔茶盞

찻잔이란 주로 전차煎茶 · 엽차葉茶 · 자차煮茶 · 녹차綠茶 · 황차黃茶 등의 맑은 차를 마시는 잔을 말한다.

이러한 찻잔은 모양이 매우 다양하고 종류도 많다. 보통의 찻잔은 홍차의 잔과는 달리 손잡이가 없는 것이 특징이다. 홍차의 찻잔은 독일과 영국, 불란서에서 제작되어 널리 유행했다. 하지만 약 2000년 전, 가야시대에 손잡이가 달려 있는 다양한 형태의 토기가 발달했었다. 또 신라에서 고려시대의 것으로 보이는 쌍손잡이도 종종 볼 수가 있다. 또 잔에 뚜껑이 갖추어진 잔도 있다. 이러한 것을 미루어 볼 때 우리의 도기는 일찍부터 꽃을 피우기는 했으나 후손들이 소홀히 하여 발전을 하지 못한 것이 한스럽다.

(5) 백탕기白湯器

백탕기는 가루차를 즐길 때 반드시 갖추어야 할 기구이다. 그것은 가루차를 마신 후 가루차 찻사발에 남아 있는 차를 깨끗이 비운다는 것보다는 가루차를 마신 후 입 안 가득히 남아 있는 향을 즐기기 위해서이다. 백탕으로 차를 마시면 산뜻한 청량감을 음미하게 된다. 이때 서서히 넘기다가 마지막 목을 통과할 때는 그 아련한 향기가 차의 신선함을 만끽하게 해준다. 그러기에 송나라 서긍은 "고려에서는 차를 마신 후 백탕을 약이라고 하며 반드시 따라주었다."라고 말하였다.

백탕기는 이미 은銀으로 만들어져 있으나 도자기를 사용하여도 무방하다. 다만 탕이 빨리 식으니 백탕과 입안의 남은 향의 어울림이 조금이라도 서툴까 두려울 뿐이다.

(6) 차시茶匙(차숟가락)

차숟가락은 보통 대나무를 잘 다듬어 쓰기도 하나 가야와 신라시대에서는 굴껍질이나 조개껍질을 잘 다듬어서 나무를 손잡이로 만들어 썼다. 그러나 우리나라 숟가락 문화의 역사를 살펴본다면 이보다 더 앞서 있다.

당나라 육우의 《다경》에는 측側이란 양을 측정하는 기본으로 대·중·소로 구분하여 사용한다고 기술했다.

차가 널리 알려져 화려함의 극치를 이루었던 고려와 송나라 때에 이르러서는 차숟가락의 재료로 금·은·동·쇠·상아·귀배龜背·물소뿔·마노시瑪瑙匙(1353년) 등이 사용되었다. 궁중에서는 은행나무로 만든 차시에 주칠朱漆을 하고 금색으로 문양을 그려 사용하였는데 이것은 궁중 전용이었다고 한다. 이밖에 고려시대의 숟가락은 거의 모두가 예술적인 한계를 넘어서 차와 음식의 발달사를 가름할 수 있는 것으로 가히 세계를 향해 자랑할 수 있는 문화유산이었다.

원래 숟가락은 정확한 양을 쉽게 가늠하는데 매우 편리한 도구로
서 부수적으로 모든 음식을 위생적으로 다루도록 해준다. 또한 예
의범절을 깍듯이 하고 단정하며 천박함이 없도록 해준다.

예절은 예절로서 대접하는 우리의 풍속에 따라 수저집에는 부귀
영화와 장수를 기원하는 십장생과 목단꽃을 수놓았다.

우리의 차문화가 밥상 문화에서
비롯된 것이고 보면 어찌 차시에
차시집이 없을 수 있겠는가.

1989년 필자가《다기구의 미학》
이라는 주제로 전시회를 가졌을
때 몇 가지의 차시집을 필자가 처
음 발표한 바 있다.

차시집

(7) 차솔茶筅

물이 차의 목숨을 길러준다고 하면 격불擊拂을 도맡는 차솔은 가
루차를 화려함의 극치로 이끌어 새로운 생명의 꽃을 피워줌으로써
다인들로 하여금 가루차와 탕수의 신비를 즐기게 한다.

남송의 심안노인審安老人은 다구도찬茶具圖贊(1269년)에 차솔을 축
부사竺副師라 하였다. 축은 대나무를 말한 것이고, 부사는 부장副將
을 말하는데, 이것은 차의 격불하는 상태를 폭풍으로 상징한 것이
다. 또 폭풍은 전쟁을 상징한 것으로, 부활의 꽃이 피기까지의 노고
를 표현한 것이니 한 수의 시詩가 아닐 수 없다.

차솔

금나라의 마구도麻九橋는 솔잎을 차솔로 사용하였는데 지금의 원통 차솔은 일본 사람이 창안한 것이다.(필자의 저서 《다의 미학》에 자세히 기록함) 그러나 우리나라의 차솔에 관한 기록은 아직 발견하지 못하였다. 다만 들리는 말에 의하면 옛날에는 고래수염으로 만들어 사용하였다고 한다. 그래서 필자도 고래수염을 구하여 시험하여 본 바, 말라 있을 때는 송곳처럼 빳빳하다가도 뜨거운 물에 닿기만 하면 금세 흐늘흐늘해지니 격불할 힘이 없어 특별한 요령과 훈련이 있어야 하고, 또 수염의 숱이 성글어서 더더욱 힘이 드니 차솔로는 완벽하지 못했다.

그래서 지금의 원통솔에 다소 미흡한 점이 있으나 그 솔을 대신할 수 있는 것이 없다는 결론이다.

찬란한 격불擊拂*

고세연

만약 내가 고래의 수염을 얻게 되면
다선을 만드는데
화려한 은장식은 손잡이로 끼우고
천목사발이나

진사사발에

천만 송이 송이마다 꽃을 피워

피었던 꽃 부딪쳐 깨어지면

만만의 송이마다 다시 일깨워

감미로운 금옥의 영롱한 꽃을

밤하늘 폭죽처럼 활짝 피워 보리라

＊격불擊拂 : 가루차를 젓는 일.

(8) 가루차호抹茶壺

가루차호는 잎차호와는 달리 작아야 한다. 그래야 가루차의 낭비를 막는데 좋다. 다도茶道에서는 낭비를 용납하지 않는다.

차호는 옥·돌·도자기·은이나 나무로 만든 것들이 있다. 나무통일 경우는 보통 뚜껑이 이중으로 되어 있어 공기의 침투로 색과 향과 맛이 변하는 것을 막아 준다. 가루차호는 차호와 뚜껑의 무게를 합하여 140g일 때 뚜껑의 무게가 35g에서 40g 정도가 되어야 이상적이다.

가루차호를 사용할 때에는 그날의 필요한 분량을 알맞게 넣어두고, 다 쓴 다음에는 마른 행주로 남김없이 깨끗이 닦아둔다. 가루차는 워낙 민감하여 공기의 오염까지도 감지하여 진향·진색·진미를 잃게 되므로 차호를 잘 골라야 할 것이다.

2. 다상보

(1) 다상보 기록

우리나라에는 옛날 여러가지 상보의 종류가 많이 있었으나 이 중 다상보는 지금까지 남아 있는 실물을 보지 못하였다. 다만 고려 1123년 송나라 사신을 따라온 서긍徐兢이 쓴 《선화봉사 고려도경》 제 32권 기명3 다조茶俎에 다음과 같은 기록이 있다.

'토산차는 쓰고 떫어 입에 넣을 수 없고, 오직 중국 납다蠟茶와 용봉사단龍鳳賜團(황제가 내린 선물)을 귀히 여긴다. 하사해 준 것 이외에 상인들 역시 가져다 팔기 때문에 근래에는 차마시기를 자못 좋아하며 더욱 차의 제구를 만든다.

금화오잔金花烏盞, 비색소구翡色小甌, 은로탕정銀爐湯鼎은 다 중국 제도를 흉내낸 것들이다. 무릇 연회 때면 뜰 가운데서 차를 끓여서 은하銀荷(은으로 만든 연잎 현상을 한 작은 쟁반)로 덮어가지고 천천히 걸어와서 내놓는다. 그런데 찬자贊者가 '차를 다 돌렸소.' 하고 말한 뒤에야 마실 수 있으므로 으레 냉차冷茶를 마시기 마련이었다.

관사 안에는 홍조虹俎를 놓고 그 위에다 다기구를 두루 진열한 다음 홍사건紅紗巾(붉은 상보)으로 덮는다.

매일 세 차례씩 내는 차를 맛보게 되는데 뒤이어 또 탕湯을 낸다. 고려인은 탕을 약이라고 하는데 사신들이 이것을 다 마시는 것을 보면 반드시 기뻐하고 혹 다 마시지 못하면 자기를 깔본다고 생각하면서 불쾌해져서 가버리기 때문에 늘 억지로 그것을 마셨다.'

이상의 기록에서 당시 고려인들의 차생활과 수준 높은 다기구며 행다의 법도를 엿볼 수 있다. 그리고 다상과 다상보는 당시 붉은색이었음을 알 수 있다. 오늘날 일본에서도 다상보를 붉은색을 쓰는 것으로 보아《고려도경》의 기록을 참고하였을 것으로 여겨진다. 상보는 보통 상에 맞추어 사방 한 치씩 큰 것인데 당시의 다상보 네 귀퉁이에 수술이 달렸는지는 알 수 없으나 이 수술은 보통밥 상보의 경우에는 거의 모두 네 귀에 수술이 달려있는 것이 보통이다. 이 수술은 바람에 날리지 않게 사방에 균형을 잡아 상에 놓인 물건을 안전하게 보호하는 것이었다.

(2) 조선의 다상보

다상보는 3벌이 한 조로 되어 있어 대·중·소로 큰상보, 곁상보, 다과상보가 그것이다.(옛 밥상보를 참고로 했으며 크기는 상의 크기에 맞추어서 만듦)

　㉠ 큰상보 : 가로 64cm, 세로 60cm

　㉡ 곁상보 : 가로 55cm, 세로 50cm

　㉢ 다과상보 : 가로 50cm, 세로 43cm

위 상보는 일반적인 상보의 예이고, 상에 따라 이보다 작을 수도 있고, 클 수도 있다.

1) 전통 다상보 접기와 펴기

① 전통 다상보 접기

그림 [1]

그림 [1]은 상보를 펴놓은 상태다. 상보를 거두어 접는 순서는 다음과 같다.

먼저 왼손은 ⑨를 잡고 오른손은 ②를 잡은 후 살며시 끌어올려 왼쪽을 오른쪽으로 당기면서 ②를 잡은 오른손으로 ⑥을 함께 잡아 합쳐지도록 하면 그림 [3]이 된다. 이때 사방의 수술이 하나로 모인다.

그림 [4]는 그림 [3]의 중앙을 한 번 더 접어 1/8로 완전히 접은 상태다.

그림 [2]

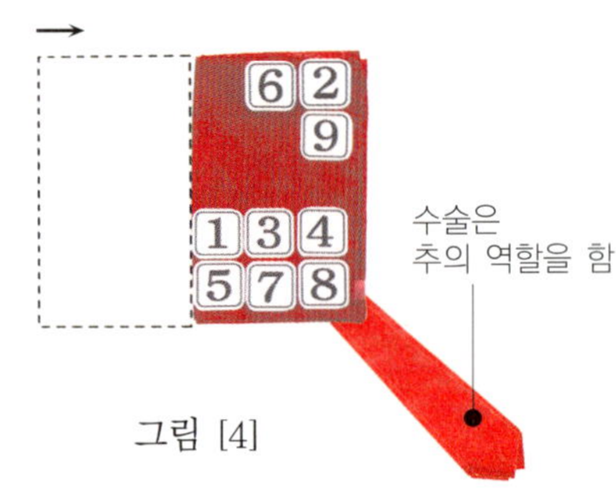

그림 [3]   그림 [4]

② 전통 다상보 펴기

상보를 펼 때는 상보 접은 그림 [4]를 오른손에 들고 무릎 앞으로 가져와 왼손은 ⑨를 잡아 그림 [3]이 되면 곧바로 왼손은 ⑥을 잡고 오른손은 ②를 잡아 펴서 1/2이 되면 무릎에 올려펴면 그림[5]가 된다.

무릎 위에 올려놓고 상을 향해 덮을 때 ①은 오른손으로 잡고, 왼손은 ⑦을 잡아 상을 덮기 시작하면 그림 [6]이 된다.

그림 [6]은 그림과 같이 원상태로 된다.

우리나라 상보 중 식상보는 거의 모두가 사방 귀퉁이에 수술을 달아 어느 한쪽으로도 기울지 않도록 하였고 바람이 불어도 쉽게 날아 흐트러지 않도록 하였다.

이것이 바로 옛사람들의 지혜라 할 것이다. 그런데 밥상보다 가벼운 차상보는 수술을 짧게 하였다.

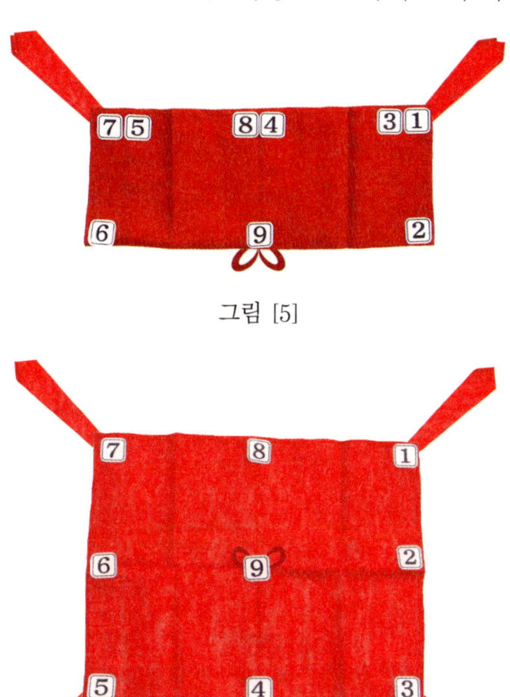

그림 [5]

그림 [6]

2) 선禪상보 접기와 펴기

① 선상보 접기

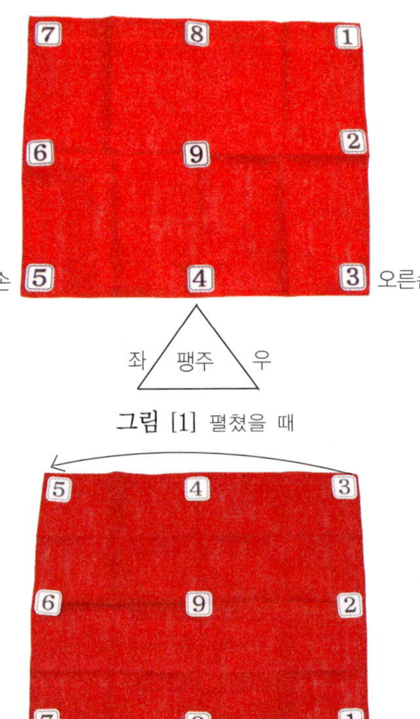

그림 [1] 펼쳤을 때

그림 [2]

그림 [3]

그림 [4]

선상보는 수술이 없는 것이 특징이다.

그림 [1]은 펴져 있는 상태.

그림 [2]는 오른손으로 ③을, 왼손은 ⑤를 잡고 팽주 앞으로 끌어당기어 눈높이로 쳐들었다가 다시 뒤집어 놓으면 그림 [2]처럼 상보의 위 아래가 바뀌게 된다.

그림 [3]은 그림 [2]에서 오른쪽 ③을 왼쪽 ⑤에 합쳐 접어 놓은 상태다.

그림 [4]는 그림 [3]에서 오른손으로 잡았던 ④를 그대로 잡고 왼손으로 ③과 ⑤를 180도로 크

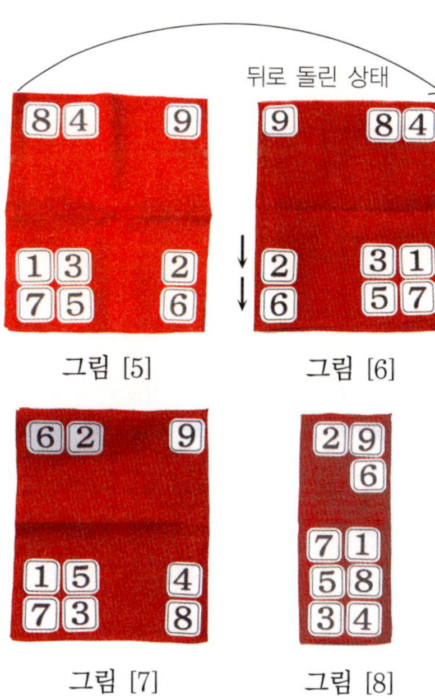

그림 [5]   그림 [6]

그림 [7]   그림 [8]

게 돌려 오른손등과 팔에 걸쳐놓은 상태이다. 여기에서 다시, 왼손은 화살표를 따라 움직여 ⑧을 잡고 오른손은 ④를 잡아 접으면 그림 [5]가 된다.

그림 [6]은 그림 [5]에서 오른손은 ⑨를 잡고 왼손으로는 ⑧과 ④를 잡아180도로 돌려 오른손등에 올려놓으면 그림 [7]이 된다. 그림 [8]은 그림 [7]의 좌우 중앙을 접어 완성시킨 상태이다.

② 선상보 펴기

접혀있는 상태 1/8에서 1/4이 되도록 열어주면 왼쪽은 ⑥②, 오른쪽은 ⑨로, 그림 [2]가 된다.

그림 [3]에서 오른손은 ⑨를 잡고 왼손이 잡고 있는 ⑥②는 아래쪽 ⑧④가 있는 쪽으로 내놓은 다음 왼손은 화살표 ⑨를 잡고 오른

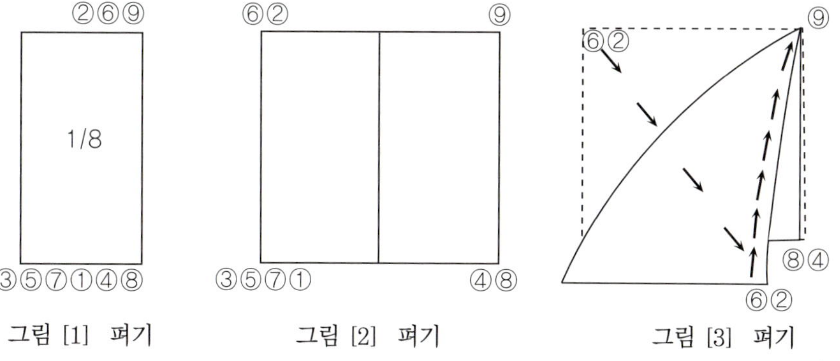

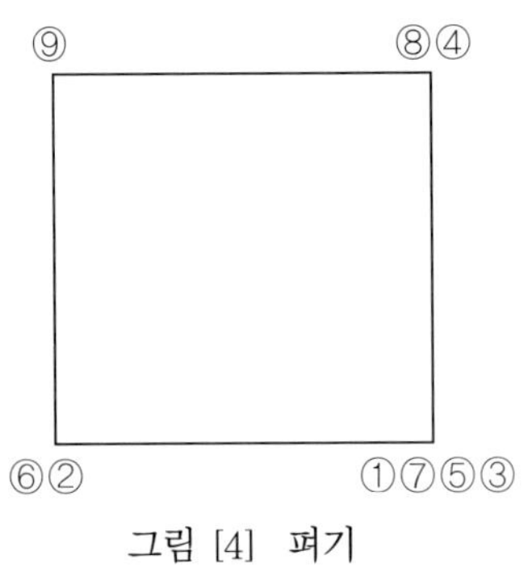

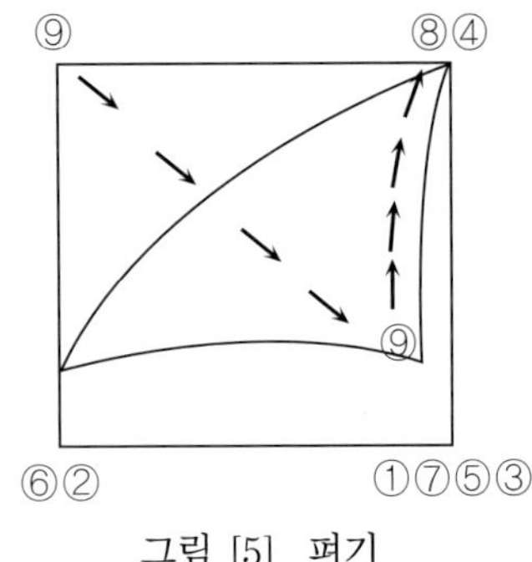

그림 [4] 펴기   그림 [5] 펴기

손은 선을 따라 내려가 ⑧④를 잡는다.

그림 [5]는 그림 [4]에서 ⑧④는 오른손으로 잡고, 왼손은 ⑨를 잡아 화살표를 따라 대각선으로 편 후 ⑧은 왼손이 잡고 ④는 오른손으로 잡아 펴면 그림 [6]과 같이 된다.

그림 [7]은 그림 [6]에서 오른쪽 ④와 왼쪽 ⑧을 평행선이 되게 편 후, 오른손으로 ④를 그대로 높이 들고 왼손에 잡은 ⑧을 아래로 내리면 그림 [7]과 같이 된다. 그림 [8]에서 왼손은 ④를 잡아 화살

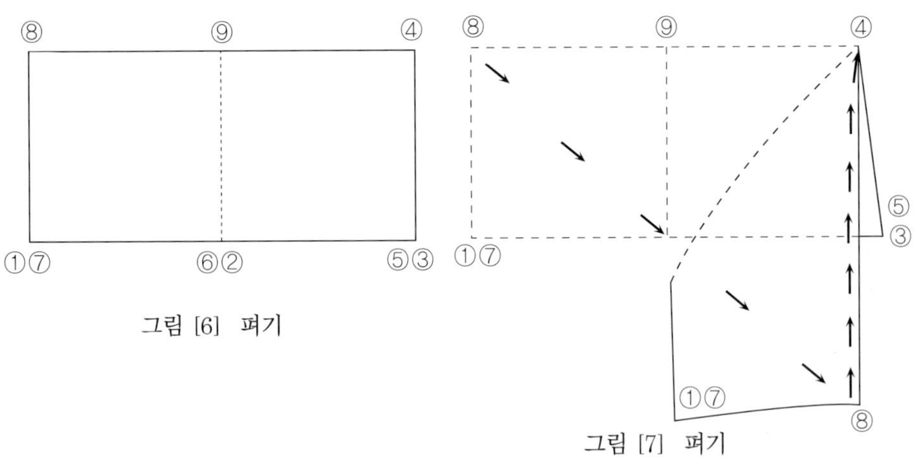

그림 [6] 펴기   그림 [7] 펴기

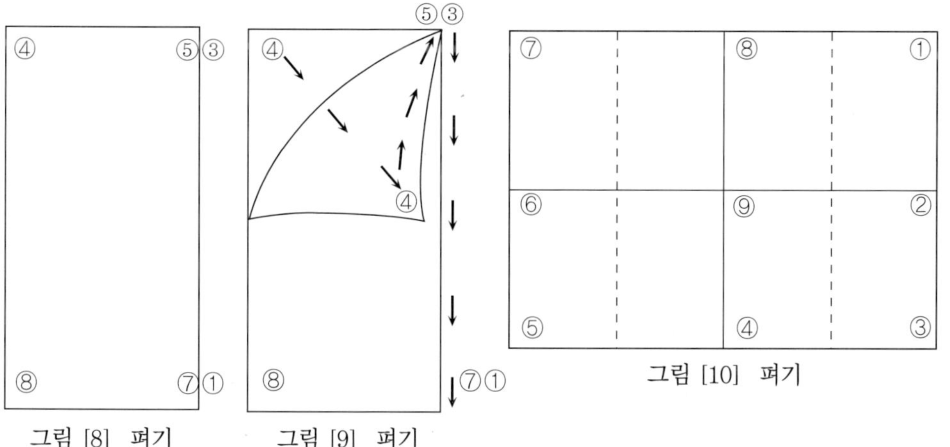

표를 따라 펴고 ⑤와 ③을 잡으면 그림 [9]가 된다. 다시 왼손을 화살표를 따라가 ⑤를 잡고, 오른손은 ③을 잡아 펴면 그림 [10]처럼 완전히 펴놓은 상태가 된다. 그림 [10]에서 왼손은 ⑤를 잡고 오른손은 ③을 잡아 ⑤③을 눈높이로 치켜들어 ①과 ⑦을 앞으로 밀듯이 살포시 덮으면 본위치가 된다. (선상보 접기와 펴기는 그 뜻이 깊고 넓은데 그 중에서도 사계절을 펴다접었다 하는 의미가 있고 두뇌의 발달이 활발하여 차인의 지혜를 돕는 묘기가 숨어 있다고 할 것이다.)

3) 생활다상보 접기와 펴기

① 생활상보 접기

그림 [1]은 상보가 펴져 있는 상태. 그림 [2]는 오른손으로 ②를 잡고 왼손은 ⑥을 잡고 끌어당기면서 살며시 들면 가로 1/2로 접힌다. 그러면 바로 무릎에 올려 놓고 그림 [3]처럼 반으로 접는다.

그림 [3]은 1/4로 접은 상태에서 가로 접기는 좌우를 4등분으로 접는데 M자로 접으면 그림 [4]처럼 된다. 다시 오른손과 왼손을 합장하듯이 합치면 그림 [5], 즉 완전히 접은 상태가 된다.

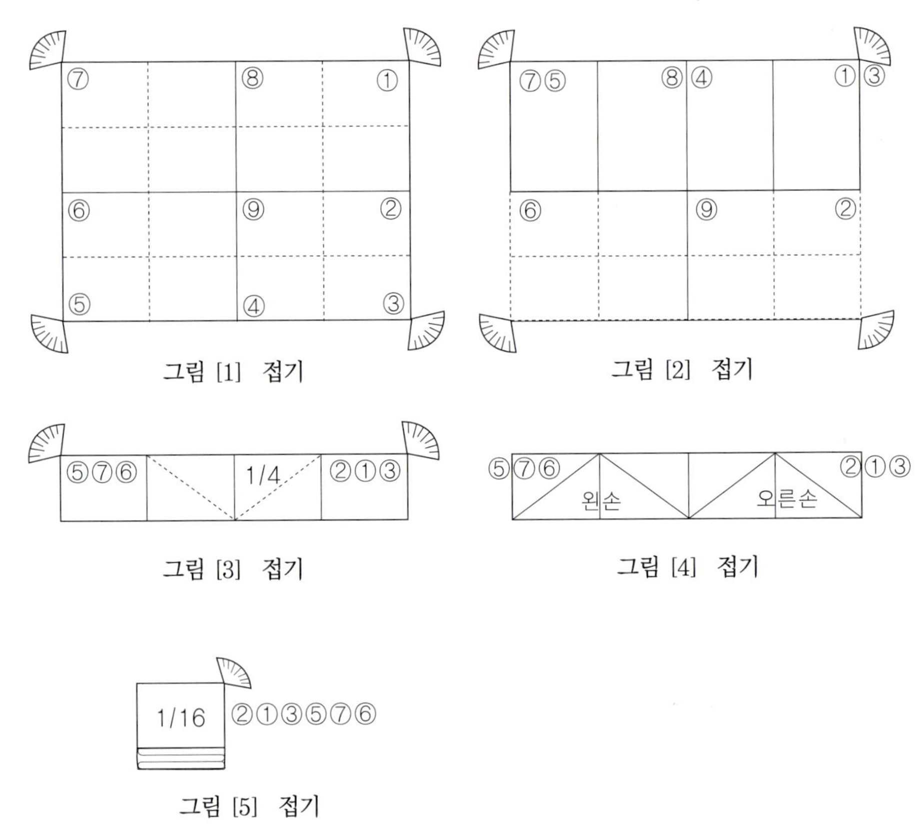

② 생활상보 펴기

그림 [1] 펴기

그림 [5] 접기를 M자처럼 한 후 오른쪽은 오른 엄지, 왼쪽은 왼쪽 엄지를 끼우고 양손바닥을 기도하듯 합친 다음 그림 [2]를 무릎에 올려 놓는다.

그림 [2]처럼 접어서 무릎에 올려놓고 ①번 가닥은 오른손, ⑥번은 왼손이 잡고 앞으로 빼면서 상을 덮으면 그림 [3]처럼 펴지면서 완전히 펴진다.

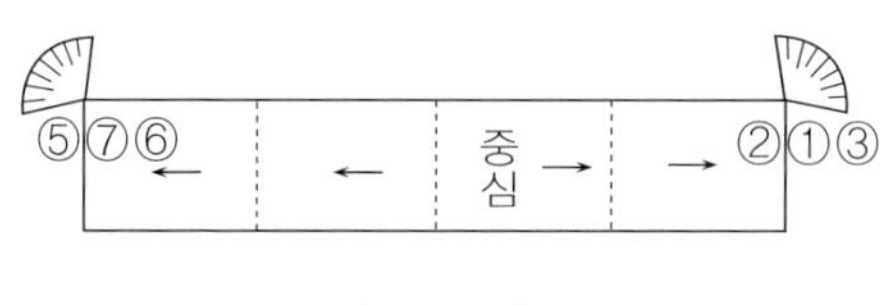

그림 [2] 펴기

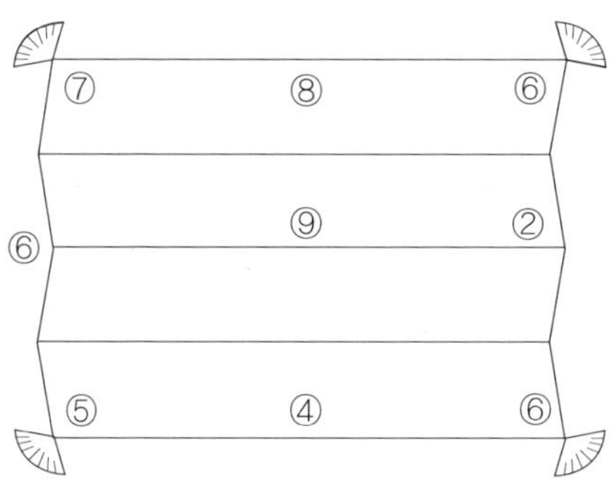

그림 [3] 펴기

4) 다완보

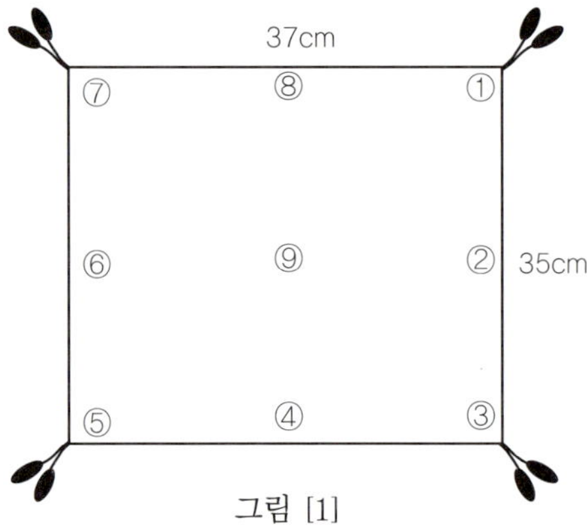

그림 [1]

다완보는 말 그대로 다완을 덮는 보로 간편하게 쓸 수 있는 덮개 보이다.

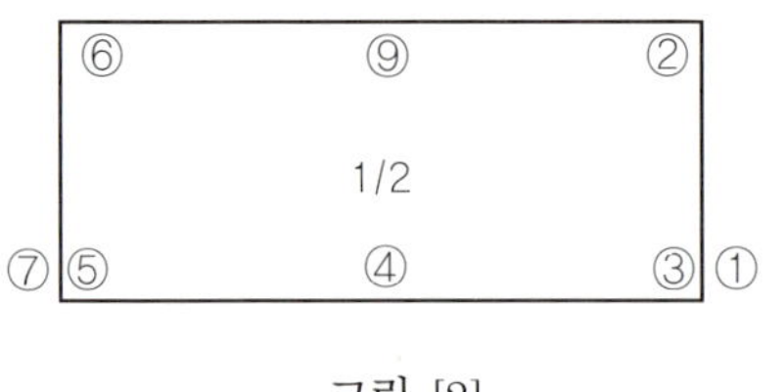

그림 [2]

다완보 접기는 그림 [2]에서 오른손은 ②를 잡고 왼손은 ⑨의 꼭지를 잡은 다음 그림 [3]이 되도록 접는다. 보가 1/4이 되면 다시 그림 [4]처럼 접어 1/8이 되면 접기가 끝난다. 펼칠 때에는 그림 [4] [3] [2]의 순으로 펴 오른쪽 ①과 왼쪽 ⑦을 잡고 다완을 덮으면 된다.

모든 상보의 접기와 펴기는 위생적인 것은 물론 두뇌를 회전시켜 주어 생각하는 능력이 증대된다고 한다.

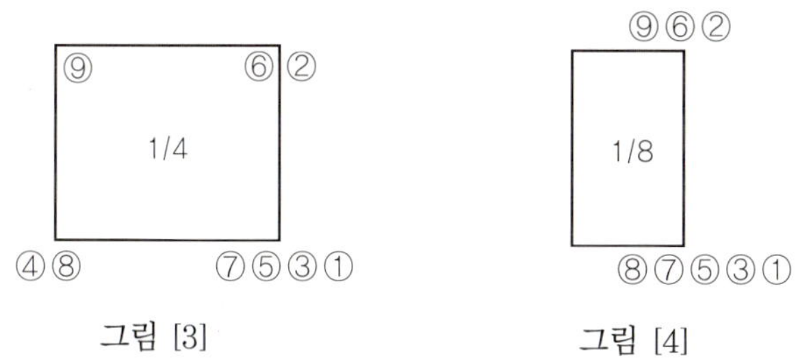

그림 [3]   그림 [4]

다상보의 이모저모

3. 행주

(1) 행주와 위생

행주란 순수한 우리말로써 부엌에서 위생처리를 위해 가장 요긴한 역할을 도맡아 주는 헝겊이다. 결코 화려하거나 돋보이지는 않으나 부엌 위생을 위해서 꼭 필요한 행주가 다사茶事에 있어서도 예외일 수 없다. 우선 이에 대한 기록을 살펴보면 다음과 같다.

다경(茶經四之器)에 '28가지의 다기구 중 행주는 건巾이라 하는데 이는 성근 비단으로 만든다. 길이는 두 자이고 두 장을 만들어 바꾸어 사용하며 이것으로 그릇을 깨끗하게 훔친다(巾以絁布爲之長二尺作 二枚互用之以潔諸器具烈).'라고 하였다.

남송 번안노인선南宋番安老人撰의 《다구도찬茶具圖贊》에서는 행주를 사직방司職方이라 하여 비단으로 만들고, 길이는 상당히 길었던 것으로 보인다. 당시는 화려한 다완이 생산된 시기로 행주가 실용적인 것보다는 사치스러움으로 거의 실크 같은 것을 쓴 것으로 사료된다. 어찌되었건 행주는 마른 행주와 물행주가 따로 있어야 깨끗하게 처리할 수 있는 것이다.

초의선사는 《다신전茶神傳》에서 〈시잔포拭盞布(행주)〉 편에 '음다 전후에 세마포細麻布로 잔을 씻어 잘 가셔서 사용하는 것인데 나쁜 물질이 함유되지 않도록 위생 처리가 잘 되어야 한다(飮茶前後俱用細 麻布拭盞其他物穢不堪用).'라고 하였다. 깨끗하고 깔끔한 차생활을 위해 없어서 안 되는 행주는 생각하기에 따라 많은 의미를 갖게 한다.

1) 행주 만들기

모든 행주는 가로, 세로를 정해진 치수로 마름질한다. 제일 먼저 사방 2.5cm를 남겨두고 3올씩 뺀다. 다음은 가로는 네 칸으로 접은 다음 2올을 빼고 세로는 3등분하여 2올씩 빼면 그림 [1]이 된다.

그림 [2]는 사방을 3올씩 떠서 감친 다음 홀쳐맨다. 완성된 행주의 4방은 땅을 상징하고, 4방의 둘레는 1년 365일을 본받은 것이며, 가로의 네 칸은 봄·여름·가을·겨울을 본받은 것이다. 대·중·소가 모두 같다.

그림 [1] 완성된 행주

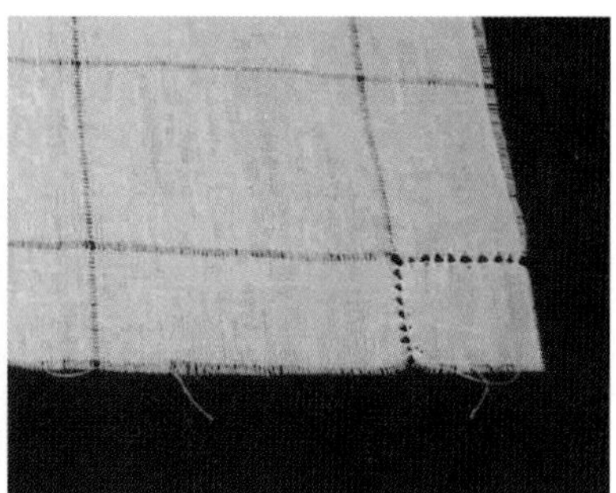

그림 [2] 올을 빼고 네 귀를 먼저 올을 뜬다.

- **올 빼기** (그림 [3] 참조)
① 사방 둘레에서 3가닥씩 올을 뺀다.
② 올을 뺀 다음에는 사방 네 귀퉁이에서 세 가닥씩 모아 홀쳐맨다.

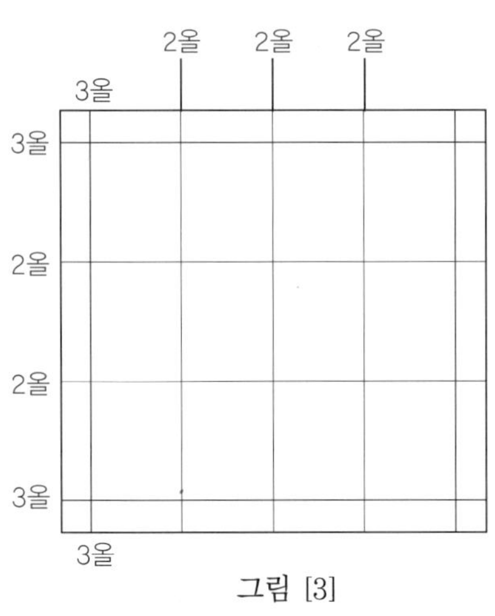

그림 [3]

③ 사방 둘레를 1/3로 접어 시침을 한다.

④ 시침이 된 사방을 3올씩 모아 홀쳐뜬 다음 접은 부분을 같이
떠 홀쳐 맨다.

• 큰 행주 만들기와 접기

큰 사발의 행주의 의미는 사방팔
방의 막힘 없음을 상징한다.

특히 큰 행주의 사명은 큰 차사발
을 위주로 하여 편안하고 넉넉하게
감싸 깨끗이 닦아내며, 주로 마른 행
주에 속한다. 큰 행주는 가로와 세로
를 똑같이 나누어 16칸이 되게 한다.

접기 [1]을 1/2로 접으면 접기 [2]
가 된다.

접기 [1]

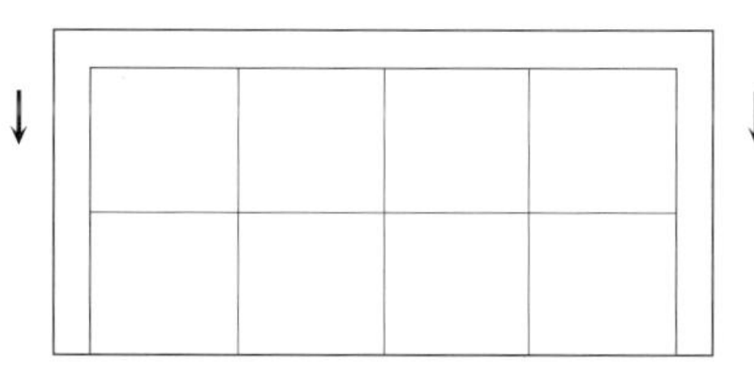

접기 [2]

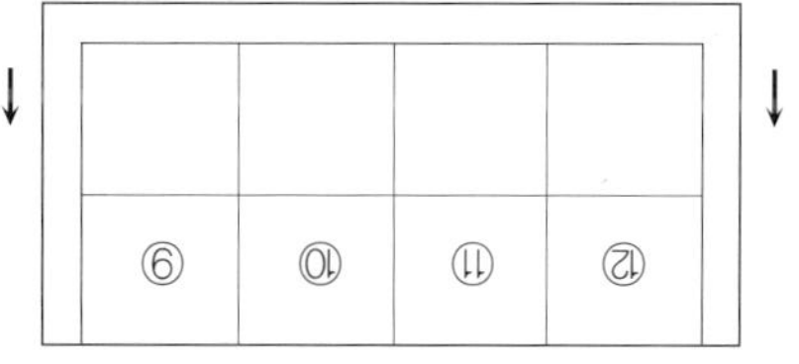

접기 [3]

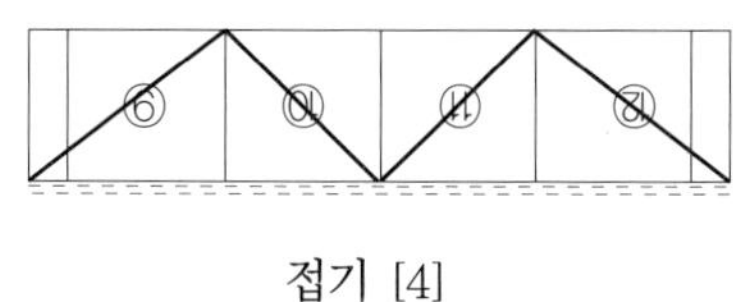

접기 [4]

을 붙여 ⑫는 위, ⑨와 ⑫는 바깥쪽이 되도록 한다.

찻사발을 닦을 때

접기 [2]는 1/2로 접은 다음 또 한번 접어 접기 [3]처럼 접고 또 다시 접기 [4]가 되도록 접는다.

접기 [4]처럼 4등분하여 M자 모양으로 접는다.

모든 차사茶事의 위생적인 처리는 바로 행주가 도맡아 수습해 준다. 다가에서 자칫 소홀하기 쉬우나 절대로 없어서는 안 되는 위생적인 도구이기 때문에 다도구의 하나로 취급하는 것이다. (이 행주는 가루차 찻사발을 닦는 행주다. 상을 닦는 물행주는 따로 겹으로 만드는 것이 합당하다.)

2) 작은 행주 접기

접기 1의 사방둘레는 4계절과 일년 12달을 상징하는 것으로 큰 행주와는 조금 다르다. 즉 가로와 세로가 다르다.

접기 2는 펴 있는 상태에서 오른쪽을 왼쪽으로 넘겨 붙인 형태이다.

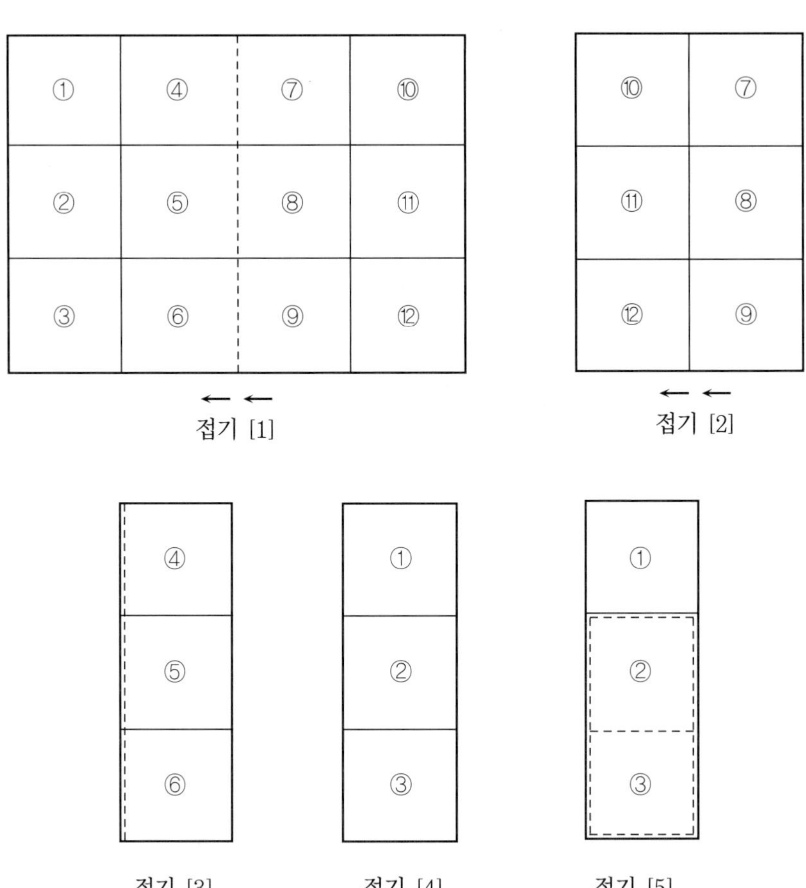

접기 [3]은 1/4이 된 접기로 접기 [2]의 오른쪽 ⑦, ⑧, ⑨를 왼쪽 ⑩, ⑪, ⑫에 붙인 형태이다. 접기 [3]을 뒤집으면 접기 [4]가 된다.

접기 [5]에서 ③을 ②에 올려 접으면 접기 [6]의 그림이 된다. 다시 ①을 ⑥에다 겹쳐 접으면 접기 [7]이 된다.

접기 [8]의 앞이 ⑤이고 뒷면은 ④,가 되는데 이 행주 ⑤의 앞쪽 오른쪽을 오른손으로 잡고 왼손바닥으로 옮겨잡으면 기물이 닿는

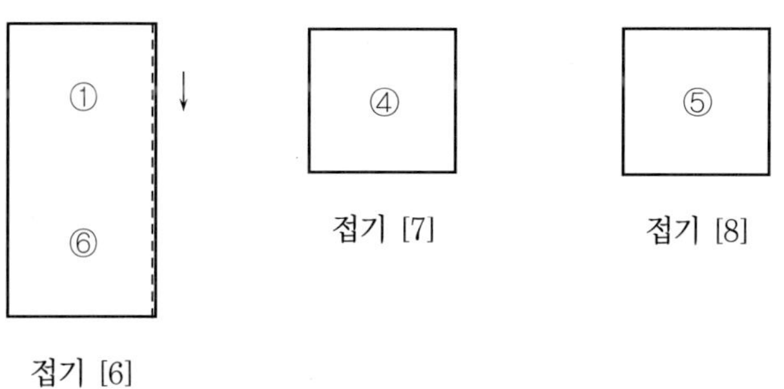

접기 [6]　　　접기 [7]　　　접기 [8]

쪽은 ④가 된다. 모든 행주를 이와 같이 접는 것은 다도에서 질서를 중히 여기기 때문이다.

접기 [6]의 그림처럼 접고나서 다시 ①을 ⑥에다 겹쳐 접으면 접기 [7]같이 되고, 이것을 한 번 더 뒤집으면 접기 [8]처럼 ⑤가 앞이 되는 것이다.

접기 [8]의 앞은 ⑤가 되고 그 뒷면은 ④가 되는데 행주 ⑤의 오른쪽을 오른손으로 잡고 행다를 진행할 때는 행주는 왼손바닥으로 옮겨 잡으면 기물이 닿는 쪽은 ④가 된다.

이는 행주는 접고 쓰는 데에서 반드시 지켜야 하는 질서이다.

(작은 행주는 찻잔을 닦는 행주로 쓰고 물행주는 따로 겹으로 만들어 쓰는 것이 좋다.)

행주(다포)의 변

고세연

내 일생 하루같이
아침에 눈을 뜨면
눈부신 햇살 나부끼는
희디흰 배꽃(梨花)
살결이 싱그러운 마음이라오

선뜻 보이지 않는다고
쉽사리 이러쿵저러쿵
말하지 마오
바람결에 티끌먼지도
이 몸으로 닦으니
숨었던 진신(眞身)도 빛을 내고

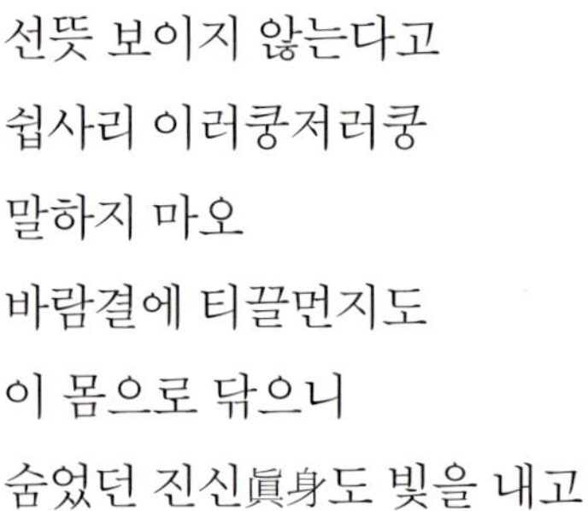

맨살의 씨올이 다 닳아서
목숨 바친 수행은
백지의 법전을 양심으로
지켜온 그 이름으로
다씨(茶氏)의 가문에 꽃을 피운
나는 백설의 행주라오.

제5장

쉽게 접할 수 있는
차생활과 유리다기

유리물항아리　높이 : 20.5cm　고세연　작품
구경 : 14.5cm

제5장 쉽게 접할 수 있는 차생활과 유리다기

1. 유리 다기

(1) 냉차와 그라스의 하모니

《냉차와 그라스의 하모니》는 1999년 8월 한국차인연합회 전국차 생활연수 다례 연구 발표에서 명림다회 회장인 최송자 회장이 유리 다기구로서는 처음 발표한 작품으로 다인들의 관심을 모았다.

냉가루차를 유리 다완에 점다하는 동시에 손님과 주인이 찻자리 와 모시옷이 매우 돋보여 고전과 현대가 어우러진 여름의 정취가 가히 선경 아닐 수 없다고 하는 찬사를 받은 작품이어서 여기에 소 개한다.

(2) 사진으로 보는 유리 다기 행다례(여름)

(1) 손님이 선물한 꽃을 정중하게 받는다

(2) 손님의 정성에 감사하는 뜻으로 그 자리에서 화병에 꽂는다

(3) 찻숟가락집에서 찻숟가락을 꺼낸다

(4) 다완을 깨끗이 헹구어낸다

(5) 물기가 없도록 행주로 닦는다

(6) 차호에서 가루차를 덜어낸다

(7) 물을 따른 다음 차솔로 고르게 젓되 거품은 내지 않아도 된다

(8) 솔은 본자리에 되가져다 놓는다

(9) 다반에 점다한 차를 올려 손님에게 드린다

(10) 주인이 차를 권하면서 감사의 뜻을 표하면 손님도 주인의 정성에 감사의 말을 한다

여러가지 다기

(3) 황차와 유리 다기

뜨거운 황차를 유리 다관에 받으면 황차는 서서히 몸을 풀어 그 아름다운 색을 맑고 투명한 유리를 통해 그 묘미를 느끼게 한다. 만약 한층 더 우아한 품위를 느끼고 싶으면 황차와 후발효차인 흑차, 또는 홍차를 칵테일한 다음 국화 한 송이를 띄워 맛과 향의 멋을 만끽한다면 이것 또한 도락이라 할 수 있을 것이다.

그러나 진정한 황차의 심오한 품위를 만나고자 한다면 손수 제다한 강발효의 황차를 한지에 싸서 숨쉬는 항아리에 5~6개월쯤 잠재워 두었다가 1인 3g 정도 유리 다관에 넣어 서서히 우려내면 황금색

에서 주홍빛 차노을로 변한다. 그 멋스런 변화에 마음이 젖어들면
조용한 행복을 느끼게 될 것이다. 하여 그 깊고깊은 감미로움의 진
수를 음미하며 차의 미학을 꽃피운다면 얼마나 멋스러운 일이 되겠
는가! 단, 황차의 화기가 성하면 깊은 맛은 기대하지 말아야 한다.

황차법 시범 (시연: 민대희)

2. 세 살 적 버릇 여든 살까지 간다

백지처럼 깨끗한 세 살쯤 되면 서서히 좋고 싫은 분별심이 생기게 되고, 분별심이 생기게 되면 한 점의 티도 없던 맑은 눈동자는 무섭고 두려운 빛이 드리우면서 놀라기도 한다.

어리지만 말문이 열리고 귀가 열리면 본 것을 그대로 행동으로 옮기려 하는 버릇이 생긴다. 그러니 미숙한 아이들이라 하여 어찌 함부로 할 수 있으랴.

아기는 누구나 부모의 유전자를 이어받고 태어난다. 그러나 이 유전자도 환경에 따라 그 잠재력이 활성화될 수도 있고 그대로 있을 수도 있을 것이다.

여기에서 말하는 환경이란 세 살 적 버릇이라고 하는 미래의 바탕이 될 성정性情과 행동의 구성요소를 지칭하는 것으로 이것이 세 살 쯤에 형성된다는 것이다. 한 가지 예를 들어보자.

영화 《타잔》에서 '타잔'은 유년기를 숲속에서 동물과 같이 살아왔기에 겉모양만 사람이지 동물일 수밖에 없었다. '타잔'의 아이큐가 200이 넘는다 하여도 그가 유년기 숲속에서 동물과 같이 지내왔다면 그는 별수없이 동물적 타잔이 될 수밖에 없다는 것이다.

일 년에 한두 번 치르는 차례일지라도 정성을 다하여 모시는 차례는 어린이들에게 가장 훌륭한 교육이 된다. 집안에서 누군가의 차생활을 보고 자란다면 가장 좋은 버릇을 만들어주어 여든 살이 넘도록 행복을 누리게 될 것이다.

① 찻물을 찻잔에 따르는 모습

② 찻잎을 주전에 담는 모습과 찻물을 떠담는 모습

3. 유년기에서 청소년기로

예로부터 우리의 말에 '무릇 사람을 다스리는 길은 예禮보다 급한 것이 없다(凡治人之道莫急於禮).'라고 하여 예의를 인간 행실에 근본으로 삼았다. 그러기에 명절이면 흩어져 살던 가족들이 한곳에 모여 어른에게 절하고, 차례를 지내고, 성묘를 하는 등 모두 격식대로 함으로써 어린시절부터 자연스럽게 배우도록 하여 왔던 것이다.

명절에 차례를 지내고나면 어른들 앞에서 형제 자매 간에 차 따르는 법을 익히는 것도 좋은 방법이 될 것이다.

③ 차를 접대하기 위해 찻잔에 따르는 모습

④ 차를 마시기 전 마음을 가다듬는 모습

⑤ 두 손으로 공손히 찻잔을 들어 음미하는 모습

⑥ 형제간에도 정중하게 예의를 갖추고 있다

⑦ 조심스럽게 다상보를 걷어서

⑧ 다상보를 곱게 접어놓고

⑨ 조용히 차를 따른다

⑩ 가루차를 찻솔로 저은 후

⑪ 찻잔을 두 손으로 받쳐들고 마신다

(1) 전통예절에서 절하는 법(세배의 예)

〈남자〉

① 어른의 정면에 단정하게 서서 손을 가슴 아래에 모두어 잡는다.

② 어른의 얼굴을 우러러 본 후 두 손을 가슴 위 턱 아래에까지 올려 예비 동작을 취한다.

③ 왼손을 위로 포개어 다소곳이 짚은 후 이마를 손 가까이까지 숙여 절한다.

① 남자 ①번과 같다.

② 오른손을 위로 포개어 모둔 후 눈 아래에까지 들어올린다.

③ 손을 내려 짚고 고개를 수평보다 약간 더 숙여 절한다.

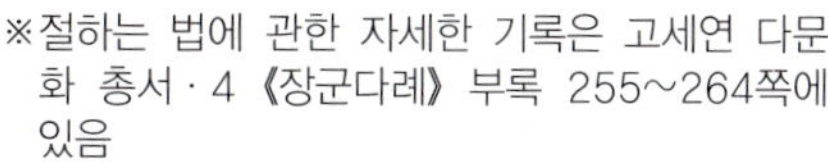

※ 절하는 법에 관한 자세한 기록은 고세연 다문 화 총서·4 《장군다례》 부록 255~264쪽에 있음

④ 절이 끝나면 다시 일어서서 가볍게 고개를 숙여 마무리한다.

꽃감 다식(김진춘 작)

제6장

다식茶食

꽃밭에서 (김부각)

제6장 다식茶食

(1) 다식이란?

차와 함께 곁들여 먹는 다식은 우리나라 고유의 음식으로 차 마시는 풍습과 함께 발달하여 오늘날까지 그 맥을 이어오고 있다.

다식이란 주로 곡물가루, 꽃가루, 종실, 견과류 등을 가루내어 꿀로 반죽하여 다식판에 박아낸 것을 말한다.

이러한 전통 다식 외에 오늘날은 차맛을 더욱 더 북돋워주는 다양한 종류의 음식이 폭넓게 다식으로 쓰여지고 있다.

(2) 다식의 유래

이익(李瀷, 1681~1763)의 성호사설 다식조에 의하면 송나라 대, 소용봉단차龍鳳團茶의 와전訛傳이라고 하였다.

연 대	문 헌	저자 및 의례명
1055~1101	대각국사문집	의천
1392	고려사	팔관회
1328~1396	목은집	이색
1426~1496		조선왕조실록
1670	음식디미방	안동 장씨
1680년경	요록	미상
1681~1763	성호사설	이익
1766	증보살림경제	류중림
1815	규합총서	빙허각 이씨
1819	아언각비	정약용
1827	임원십육지	서유구

단아하게 차려진 찻잔세트

(3) 다식의 종류

다식의 여러가지 모양

사용하는 주재료에 따라 이름이 붙여진다.

- 콩다식
- 오미자다식
- 청태다식
- 진말다식
- 송화다식
- 황률다식
- 흑임자다식
- 미말다식

- 승검초다식
- 갈분다식
- 쌀다식
- 대추다식
- 녹말다식
- 구선왕도고다식
- 기타 동물성 재료로 하설蝦屑다식, 황육黃肉다식 등이 있다.

(4) 다식의 쓰임새와 고임상

우리의 전통음식으로 예부터 귀하게 여겨 혼례상, 회갑상, 제사상 등 가정의례에는 빠지지 않고 쓰였으며, 제상에는 축의연과 달리 무채색에 가까운 송화다식, 흑임자다식, 쌀다식이 이용된다.

의례상에 올릴 때는 색의 조화를 잘 맞추어 문양을 만들어 쌓아가며 정성을 들인다. 구중연회는 1자 3치~1자 7치 정도로 고인다. 민가에서도 이를 따라 혼례에는 고임상을 차려서 축하해주며, 큰상에

고일 때는 식물 문양 다식부터 밑에 깔고 동물 문양을 위에 얹는다.

(5) 다식 담아내기

다식은 함께 마시는 차 종류에 따라 결정된다. 찻자리의 목적에 따라 그 의미를 살리고 분위기를 구성하는 중요한 요소가 된다. 계절을 고려하고 색상의 조화를 생각하며 찻자리 주제에 맞는 색과 문양의 다식을 만들도록 한다. 현대에는 다양한 식재료가 개발되어 있으므로 이를 잘 활용하는 것도 지혜라 할 수 있다.

- 차맛을 해치지 않도록 한다.
- 한입에 들어가는 크기로 만든다.
- 고물이 떨어지지 않는 것으로 한다.
- 입 안에 달라붙지 않도록 만든다.
- 집기 좋은 모양새로 담아낸다.
- 다식 접시는 계절에 맞게 내용물과 조화롭게 사용한다.
- 공간미를 잘 활용하여 연출한다.

(6) 다식으로 쓰는 월별 세시 떡 종류

- 1월 : 초하루에 흰가래떡, 강정, 정과, 대보름날에 약식, 원소병
- 2월 : 중화절식으로 노비들을 송편으로 격려함
- 3월 : 삼짇날에 진달래화전, 쑥단자
- 4월 : 석가탄신일에 느티떡, 장미화전, 쑥떡
- 5월 : 단오에 수리치절편, 도행편
- 6월 : 유두에 증편
- 7월 : 칠석날에 백설기
- 8월 : 추석에 송편
- 9월 : 중양절에 국화전
- 10월 : 시월상달에 팥시루떡, 무시루떡
- 11월 : 동지에 팥죽, 시루떡
- 12월 : 섣달그믐에 잡과병, 주악, 약과

(7) 다식판

다식판은 다식을 찍어내는 모양틀로서 그 문양이 다양하다. 대체로 소망과 기원을 나타내는 문양인데 수壽·복福·강康·령寧, 부富·귀貴·다多·남男 등 인간의 복을 비는 글귀를 비롯해서 꽃무늬, 물고기 문양, 새 모양, 수레바퀴 모양, 완자 무늬, 기하학적인 선의 무늬 등 그 시기의 예술성을 엿볼 수 있다.

대부분 목제이며 적당치 않은 나무로는 나무에서 독특한 냄새가 나고 진이 나오는 소나무, 전나무, 잣나무, 가문비나무, 향나무가 있다.

또 부분 강도가 무른 오동나무, 피나무, 버드나무나 나이테의 뚜렷한 형성으로 불규칙하게 마모가 우려되는 느티나무, 소나무, 그리고 강하고 질기지만 잘 틀어지거나 터지는 떡갈나무, 상수리나무, 참나무 같은 것은 피한다.

좋은 재료로는 강하고 질기면서 무늬가 단조롭고 치밀하고 탄력성이 있는 것으로 감나무, 은행나무, 호두나무, 대추나무, 박달나무가 좋다.

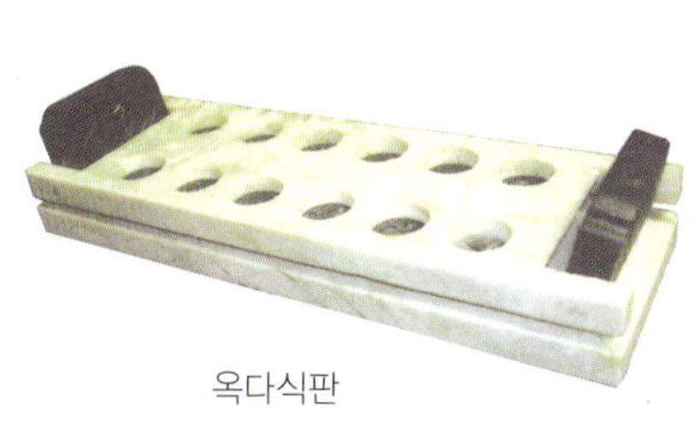

옥다식판

(8) 다식판 문양

　다식판의 문양은 회화적인 것보다는 추상적이고 도안적인 무늬가 많다.

　그 속에 담긴 기원의 의미를 파악하면 또 다른 문화요소를 찾을 수 있다.

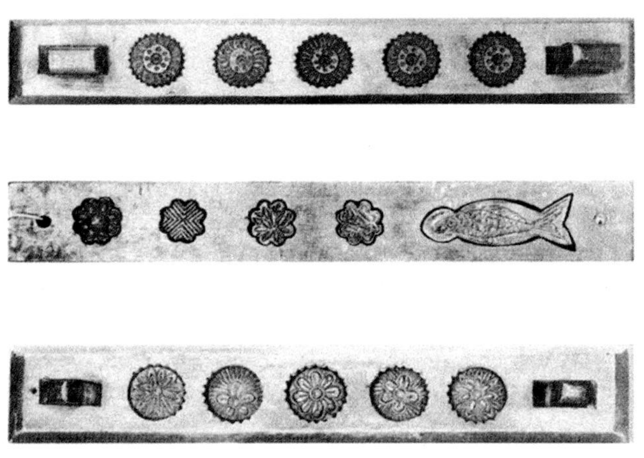

- 문자문 : 수복壽福, 강녕康寧은 회갑 때 많이 쓰고, 부귀富貴는 백일이나 돌상에, 다남多男은 결혼 때에 많이 쓰인다.
- 연꽃문 : 연꽃문양은 도양적 의미로 관혼상제에 모두 쓰인다.
- 국화문 : 군자, 충의를 상징하며 선비의 기상을 의미한다.
- 난초문 : 군자의 기품을 상징하며 다식에서는 길상의 의미로 쓰인다.
- 넝쿨문 : 장수의 의미로 쓰인다.
- 모란문 : 꽃 중의 왕으로 여기며 장생, 화목, 번영, 부귀의 의미

로 쓴다.

- 연잎문 : 장생과 불멸, 고귀한 품위의 의미를 지닌다.
- 물고기문 : 다산유복을 의미하며 부귀영화의 뜻으로 쓰인다.
- 물결문 : 물은 생명을 의미하며, 물결문은 역동적인 힘과 위엄의 상징으로 쓰인다.
- 박쥐문 : 오복의 상징이며, 기원과 벽사의 의미로 쓰인다.
- 수레차문 : 돌고 돈다는 의미로 길상의 뜻과 함께 정도의 의미와 윤회사상의 의미로 쓰인다.

봉수병鳳首瓶
높이 : 33cm　구경 : 11.5cm

녹유도봉수병綠釉陶鳳首瓶
높이 : 32.3cm　구경 : 11cm

조선통신사와 차의 기록

제7장 조선통신사와 차의 기록

1. 임란 이후 한·일 조공 관계 증언
— 대마도 종가 자료 324점 첫 공개

'임진왜란壬辰倭亂 이후 한韓·일日 관계사 연구에 기본 사료가 될 국사편찬위 소장 대마도對馬島 종가 후기 통신사와 한·일 교류 사료전을 열고, 이에 대한 미공개 자료를 비롯 대마도 역사민속자료관, 일본국회도서관, 동경대사료편찬소 등에 분산 소장되어 있는 대마도 종가 자료對馬島宗家資料를 함께 선보였다.

18세기 중엽 일본 사신이 묵던 부산의 관사를 중심으로 그들과 무역을 하던 구역을 묘사한 부산포 초량화관지도釜山浦草梁和館之圖., 오른쪽 윗부분에 오륙도가 보인다(1991년 5월 9일 조선일보)

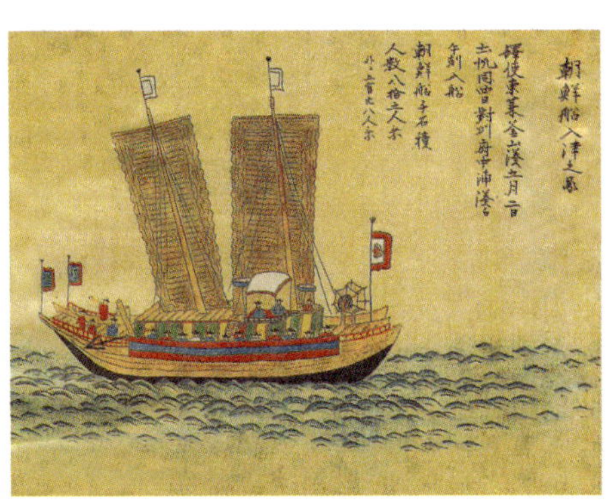

일본으로 가는 조선 통신사 일행의 배를 그린 〈조선선입진지도〉. (일본 경응의숙대학 도서관 소장)

숙종 37년(1711년) 조선 통신사 행렬을 맞는 일인들의 모습을 그린 〈신묘통신사 행렬도辛卯通信使行列圖〉(일본의 작가가 그림)

　　대마도 종가 자료는 임란壬亂 후 한·일 양국이 국교를 회복한 1607년부터 1811년까지 12회에 걸쳐 통신사를 파견하던 기간과 그 후 메이지明治 초기까지 총2백 60여 년간 양국이 교의를 되살리던 시기의 사료들이다.

　　이번 전시회에는 한·일 양국의 5개 자료실에 분산 소장된 대마도 종가 자료 총 2만 8천7백41점 가운데 양국간 정치·경제·문화 교류를 연구하는데 기본이 되는 미공개 자료를 선별, 기록물 61종 2백11책, 회화 29점, 고문서 15점, 서계書契 20점, 인장印章 22점 등 모두 3백24점이 출품된다.

　　이들 자료는 한·일간의 선린우호 기간이었던 조선 후기 일본의 조선에 대한 사대事大외교관계를 잘 나타내주고 있다. 1711년의 〈통신사행렬도通信使行列圖〉 등에선 우리 통신사를 호위하는 일인들의

'공손한' 모습이 보이지만 이들이 하의를 입고 있지 않음이 눈에 띄어 양국간의 문화 차이를 드러내준다.

〈왜관도倭館圖〉는 당시 일본 사신들이 묵던 부산의 숙소를 묘사한 것이며, 우리가 일본의 당시 수도인 에도江戶에 가 외교활동을 벌인 반면, 일인들은 한양까지 올라오지 못하고 이곳에서 북쪽을 향해 조선왕에게 례禮를 올렸다.

이들 자료 중 기록물에 따르면 일인들은 주로 경제, 문화적 측면에서 우리와의 외교를 간절히 원했으며, 조선 왕조는 한·일 외교에 공이 있는 일인에게 무관武官직의 벼슬을 주기도 했다. 이들을 〈수직왜인受職倭人〉이라 불렀다.

한편 조선 사신이 숙박하는 방의 위치를 기록한 도면인 〈파주신로실진숙사도播州姬路室津宿舍圖〉 등은 일본 측의 한국에 대한 외교 자세를 잘 묘사하고 있다.

한국사학회는 23일부터 29일까지 부산시립박물관에서 부산전시회도 가질 예정이며, 전시기간중인 17, 18일 이틀간 세종문화회관 회의실에서 한-일 양국학자들이 참가하는 학술대회도 연다.'

(※ 이상은 당시 신문에 발표된 내용을 그대로 옮긴 것임)

2. 고려 인삼의 명성과 녹차

우리의 인삼에 대한 기록은 2000여 년 전 전한前漢시대의 문헌,
《신농본초경神農本草經》,《본초강목本草綱目》등에 나와 있다.

인삼은 이미 전설이나 설화로 끝없이 이어져 오면서 불로장수의
약으로 인식되어 왔다. 당시에도 조혈작용과 지구력을 증진시키는
데도 탁월한 효력이 있는 것으로 널리 알려져 있었다.

그런데 세계 최초의 다서茶書를 쓴 육우陸羽는《다경茶經》에서

"인삼의 상등품은 중국의 상당上黨에서 나고, 중등품은 백제와 신
라에서 나며, 하등품은 고구려에서 난다. 유주幽州 단주檀州에서 나
는 것도 있지만 약용으로서는 효과가 없다."

라고 하였는데 이것은 육우가 인삼에 관하여 잘 알지 못한 탓이
라 보여진다.

우리나라의 인삼은 그 명성이 기원전부터 널리 알려져 있어 선약
仙藥, 또는 신약神藥으로 알려져 왔다. 당나라 때에 이르러서는 궁중
귀족들과 관에 널리 알려져 있었고, 고려에 이르러서는 나라에서
통제 품목으로 정하여 함부로 내다 팔 수 없었다.

중국 상당의 인삼이 얼마나 좋은지는 알 수 없으나 우리나라 인
삼의 약효는 죽을 사람을 살릴 정도였다. 이러한 약효가 있는 인삼
을 가루차로 만들어 국제 간에 교류하였음을 연행록의 기록을 통해
이번 기회에 자세히 살펴보기로 한다.

(1) 삼다례蔘茶禮와 조선 통신사通信使

세종 25년(1445년) 변중문卞仲文을 통신사로, 신숙주를 서장관書狀官으로 하여 일본을 다녀 온 후, 효종 6년(1655년)까지 약 10여 회에 걸쳐 일본을 오고간 기록에서 삼차蔘茶라는 기록은 찾아볼 수 없다.

통신사 접대 음식. 일본 측이 우리 사신을 접대하던 식탁을 묘사한 통신사 접대찬상도通信使接待饌床圖.(나고야 蓬左文庫 소장)

삼차의 기록은 숙종 8년(1682년), 통신사를 따라 역관으로 따라갔던 홍우재가 쓴《동사록東槎錄》에서 비로소 나온다. 여기에는 일본의 풍물·풍속·지세·관복·음식·예절 등의 기록 중 손님을 접대함에 있어 조선 통신사는 삼차로 찾아온 손님을 접대하였다는 기록이 있다.

그 기록을 살펴보면 일본 측은 청차靑茶로 대접하였고, 조선 통신사는 삼차로써 모든 방문객을 접대하였던 것이다. 이러한 현상은 순조 11년(1811년)까지 약 130여 년간 지속되어 왔으며, 그 명칭이 인삼차人蔘茶·삼다례蔘茶禮·행삼차行蔘茶·행차行茶·삼차蔘茶로 기록되어 있다. 이 모든 기록은 삼다례를 의미한 것이다.

차례는 먼 옛날부터 이미 우리의 문화로 형성되어 왔다. 그래서 차례라는 의식으로, 또는 국속國俗으로 풍속화風俗化되어 지금까지 우리의 생활에 남아 있다.

지금은 비록 차에 대해서 잘 모르거나, 또 차 없는 차례를 지내면서도 명절이면 '차례茶禮 지내러 간다'는 이름 아래 민족 대이동이 이루어진다. 그만큼 우리의 전통은 생활 속 깊이 전해져 오고 있는 것이다.

차례의 의미는 매우 포괄적인 것으로 그것이 바로 법도요, 나라의 질서이자 예절이었다. 그래서 접빈다례接賓茶禮와 명절의 조상 차례는 우리의 미풍양속 중에서도 가장 경이로운 풍속이었다.

그러나 차의 의미가 일본과는 근본적으로 달랐다. 일본과의 외교 관계에서 서로 자국의 문화를 앞세워 교류하는 동안 일본은 늘 청차로 대접하였고, 우리는 이미 고려 때부터 항다반사恒茶飯事로 이루어진 차례에다 인삼을 가미하여 삼다례의 예로 답례하였던 것으로 보인다.

삼다蔘茶란 녹차의 냉한성과 인삼의 열성이 서로 만나 조화를 이루어 화합한 것으로 그 어떠한 체질에도 후유증이 없는 중용中庸의 차였다. 이 중용의 차는 우선 피로회복에 특효가 있어 매우 우수한 차로 알려졌을 것으로 보인다.

행다 의식은 우리의 차례를 기초로 제정된 것이다. 여기에는 우리의 고고한 전통 문화와 유가儒家의 사상과 선비정신을 선보이는 뜻도 숨어 있었을 것이다. 이처럼 삼다의 대접으로 우리의 우수한 인삼을 소문만이 아닌 사실로 알려 그 효과를 확인케 하는 계기가 되었을 것이라는 생각도 하게 된다.

그러나 삼다에 관해 자세한 기록이 없어 인삼과 녹차의 비율이 어느 정도인지 또는 인삼만을 끓인 탕차湯茶인지, 가루차의 점다點

茶인지, 그렇지 않으면 거품을 내지 않고 가볍게 저어서 혼합한 것인지 지금에 와서 알 길은 없다. 다만 국제 교류가 활발하게 이루어졌다는 점으로 보아 그 예절은 고려 때부터 전해져 내려온 점다법點茶法이었을 것이라고 믿어진다.

한 가지 주목할 만한 것은 그 당시 중국에 사신으로 간 사람들의 기록이다. 그 기록에 의하면 중국 궁중에서는 연찬 끝에는 사신들에게 청차를 내리고 또 타락차駝酪茶를 한 병씩을 주었다고 한다. '이것은 황제의 특별 하사품이다.' 라고 《연행록燕行錄》에 기록되어 있다.

더러는 '청靑자字' 가 맑은 '청淸' 자로 기록되어 있어 이것이 가루차인지 맑은 차인지 확실치가 않다. 그러나 그 당시 중국은 청나라 시대로 엄다淹茶가 만연하였을 때라 잎을 우려 마시는 맑은 차인 것으로 사료된다.

일본에 역관으로 통사를 따라갔던 홍우재洪宇載는 다음과 같이 기록하였다.

'상좌上坐로 맞이하여 먼저 진한 차(濃茶)는 극히 맛이 좋았다. 이 차를 권하고, 이어서 떡과 과일을 내어 놓았다.'

통사들이 쉬어가는 곳마다 정성을 다하여 대접하였던 것이 바로 가루차였다. 또 조엄趙曮은 '청차靑茶는 세말細末 그것이었다.' 라고 하였으니 세말은 바로 가루차로 점다한 청차였음을 알 수 있다.

한편 조선 통신사는 일인을 초대한 연찬회가 끝나면 곧 구작칠미九酌七味의 예절을 술 대신 삼다례로 행하였다고 기록하고 있다.

(2) 해동 제국기海東諸國紀

《해동제국기》는 성종 2년(1471년) 영의정 신숙주申叔舟가 왕명에 의하여 조선과 일본의 국교를 위해서 만든 것이라고는 하나 겉과는 달리 서로를 탐색하는 의미를 가지고 있었다.

우리 통신사 일행은 약 500명에서 600명 내외가 되었다. 그들은 학문, 기술, 과학 등 많은 문물제도를 전달해 주었다고 평가하고 있다. 그 중에《나라의 풍속》등은 당시의 일본 풍속을 자세히 기록하여 전해주고 있다.

1) 나라의 풍속

천황의 아들은 그 친족과 혼인하고, 그 직전職田과 봉호封戶는 정해진 제도에 따랐다. 그러나 세대가 오래 되매 서로 합쳐져 하나가 되어 증거할 수 없게 되었다.

형벌에서 태笞 장杖은 없고, 가산은 적몰하기도 하고, 유배하기도 하며, 중대한 범죄자는 죽인다. 토지세는 생산량의 3분의 1만 취할 뿐, 다른 부역은 없다.

무기는 창과 칼 쓰기를 좋아한다. 쇠를 벼리어 칼날을 만드는데 정교함이 비할 데 없다.

활은 길이가 6~7척이 되는데, 나무의 결이 곧은 것을 취하며 대(竹)를 그 안팎에 대고 아교로 붙였다.

매년 1월 1일, 3월 3일, 5월 5일, 6월 15일, 7월 7일, 7월 15일, 8월 1일, 9월 9일, 10월 해亥일을 명절로 삼고, 이 명절에는 어른 아이 할 것 없이 고향 사람들과 친족끼리 모여 잔치하고 술 마시는 것으로 낙을 삼으며, 물품을 서로 선사하기도 한다.

음식은 칠기를 사용하며, 높은 어른에게는 토기를 사용한다. 한 번 사용하면 즉시 버린다. 젓가락만 있고 숟가락은 없다.

남자는 머리털을 짤막하게 자른 후 묶으며, 사람마다 단검短劍을 차고 다닌다. 부인은 눈썹을 뽑고 이마에 눈썹을 그렸으며, 머리털을 등에서 다리까지 이어, 그 길이가 땅에 닿았다. 남녀 모두 얼굴을 꾸밀 때에는 이를 검게 물들였다.

서로 만나면 주저앉아서 예禮를 하고, 만약 길에서 윗사람을 만나게 되면 신과 갓(쏲)을 벗고 지나간다.

집은 나무판자로 지붕을 덮었는데, 다만 천황과 성주가 사는 곳과 사원寺院에는 기와를 사용하였다.

사람마다 차를 좋아하므로 길가에 다점을 두어 차를 팔았는데 길 가는 사람이 돈 1문文을 주고 차 한 주발을 마신다. 부자들은 의지할 데 없는 여자들을 데려다가 옷과 밥을 주고 얼굴을 꾸며서 경성傾城이라 칭하고, 지나가는 손님을 끌어들여서 유숙시키고, 식사를 제공하고 그 대가를 받는다. 그러므로 길가는 사람은 양식을 준비하지 않는다.

남녀를 논할 것 없이 모두 국자國字(가타카나)를 익히며, 오직 승려
만이 경서를 안다.

남녀의 의복은 모두 아롱진 무늬로 물들이며, 푸른 바탕에 흰무
늬로 한다. 남자의 상의는 무릎까지 내려오고, 하의는 길어서 땅에
끌린다. 갓은 없고 혹 오모를 쓰는데 천황·성주 및 그 친족들의 쓰
는 것은 입오모立烏帽라 부른다. 삿갓笠은 부들과 대(竹) 또는 창목椙
木으로 만든다. 남녀가 출행할 때 쓴다.

(3) 동사록東槎錄

《동사록》은 홍우재洪禹載가 숙종 8년(1682년) 일본으로 가는 조선통
신사를 따라 역관譯官으로 활동하면서 그간 견문한 바를 기록한 기
행문 형식의 글이다. 여러 가지 견문 중에 일본인의 손님 접대에 주
로 차와 술과 다식 등의 접대를 받고 조선 통신사는 주로 인삼차와
제호탕醍醐湯으로 접대하였음을 자세히 기록하였다. 그 양이 방대하
므로 극히 일부분만을 발췌한다.

• 숙종 8년(1682년) ~6월 20일 맑음.

영접하는 왜인이 사사로이 주과를 각각 사신께 드렸다.(세 당상에
게도 역시 보냈다) 세 사신도 각각 술과 과일로써 즉시 답례했다.

다섯 사람이 함께 세 사신을 뵙기를 청함으로 즉시 불러들여서
그 분장한 임무의 노고를 위로하고 먼저 인삼차를 권한 후 술과 과

일로 대접했다. 서서 맞아들이고, 서서 전송했는데 그들은 읍하고 우리 측은 손을 들어 인사했다.

• 6월 26일 비.

대마도에 머물렀다. 정암(주지 : 장로)이 사람을 보내어 문안했다. 대마도주가 서계를 받는데 대해 감사의 뜻을 표하기 위해 봉행 외 두 사람이 일찍 온다는 뜻을 알려 왔다. 이에 무늬 놓은 비단방석 5개를 갖추어 손님(도주島主)은 동쪽, 주인 사신은 서쪽에 앉도록 자리를 미리 준비해 놓았다. — 중략.

세 당상이 돈대 위에 나가 맞이하여 중앙으로 안내하였다. 세 사신이 자리에서 일어나 조금 앞으로 나와 맞이하여 대마도주와 서로 두 번 읍하였으며, 삼승森僧 · 영승靈僧이 뒤를 잇고, 서산은 두 번 절하는데 세 사신은 읍으로 답하고 각각 자리에 앉았다.(서산은 자리가 없어 남쪽 모퉁이에 조금 물러앉았다.) 곧 수역 당상을 시켜 인사말을 나눈 후 서로 노고를 위로하고 인삼차를 한 순배 돌린 후에 연회를 개최할 날과 배를 탈 날을 의논했다. — 하략.

• 7월 1일 맑음.

— 전략.

잠시 후 대마도주가 사복을 하여 영장로靈長老 · 서산사西山寺 등과 함께 대문 안의 돈대에 이르러 타고 온 것들에서 모두 내렸다. 세 당상이 돈대 위에 나가 맞이하여 당중堂中으로 인도하고, 세 사신은 기둥 밖에까지 나와 맞이하여 손을 들어 서로 읍하고 다 함께 정청正廳에 들었다. 그리고 먼저 대마도주와 서로 두 번 읍하였고,

뒤이어 장로가 읍하고, 서산은 절을 했다. 세 사신은 손을 들어 예를 표했으며, 각자 자리서 앉아 예에 따라 문답하고 이어 연회의 은근한 뜻에 대해 감사를 표했다.

먼저 인삼차를 한 차례 돌리고, 이어 과자를 권하여 세 번 찻잔을 돌리고, 세 번 맛보도록 하고 또 한 잔을 더 권한 후 어제와 같이 파하였다. 보낼 때는 맞이할 때와 같았다. — 하략.

• 8월 1일 맑음.

대판서 유숙하였다.

— 중략.

두 승려는 단지 안부만 나누고 다같이 인삼차를 한 순배 돌리고 파했다.

• 8월 4일 맑음.

경도에서 유숙하였다.

은기수전隱岐守殿이 대나무 잎사귀로 싸서 만든 송편 한 상자씩을 세 사신과 당상에게 보내왔다. — 전략.

호송하는 왜인들이 말하기를,

"우리나라 사람들은 당신네 나라의 북과 피리소리를 듣기 좋아합니다. 그래서 병자년(1636년)의 사행 때 처음으로 사신께 청하였더니, — 중략.

먼저 번 대판에서 만날 때에는 피리 불기를 청했지만 허용치 않았으니 어찌된 것입니까? 오늘 대마도주가 마땅히 만나러 올 것이니 그 때는 종전의 예에 따르도록 해주기를 원합니다."

라고 했다. 이에 대답하기를,

"손님을 만날 때 북과 피리를 울리지 않는 것은 손님을 공경하는 도리요."

하니 그들이 말하기를,

"비록 손님을 공경한다 하나 앞뒤가 서로 다르니 일이 이미 잘못된 것이라 핑계를 대지 말아주시오."

하였다.

정사와 부사께서 이 말을 듣고 우리가 대마도의 집에 갔을 때 이미 북을 치고 피리를 불었은 즉 손님을 공경해서 고각을 울리지 않는다는 변명은 구차한 것 같으니 그들이 바라는 바대로 하자고 했다. 그러나 종사관께서 불가하다 하여 서로 거듭 상의했지만 날이 저물도록 결정을 보지 못했다. 저녁에 대마도주와 두 승려가 뵈러 왔는데 사신께서는 사사로운 기일忌日이라 핑계하고 단지 군사적 의례만 갖추고 북과 피리는 울리지 않았다. 대마도주가 예에 따라 위문하고 이어 말하기를,

"어제 나라의 명령을 받잡고 겸하여 중로문안사中路問安使의 임무를 겸하게 된 까닭으로 이에 감히 명령을 전합니다."

고 해서 사신이 대답하기를,

"여러 차례 내방을 받으니 그 성실하고 미더움에 감격했는데, 지금 나라의 명령을 돌리고 또 방문해 주니 더욱 감격되오."

했다.

이어 인삼차를 권하니 사양하고 받지 않았는데, 두 번째 권해도 사양하고 세 번째 마시기를 청하여 그들이 받아들이려 할 즈음에 이른바 도주의 총행을 받는 자가 그 옆에서 눈짓을 해서 끝내 받아

들이지 아니했다 .이는 아마 북을 치고 피리를 불지 아니한 것을 노여워한 까닭이다.

• 8월 6일 맑음
경도에 유숙했다.
─ 중략.

오후에 참왜站倭가 와서 만나 뵙기를 청한다는 뜻을 말하여 사신이 허락했다. 대마도주가 두 명의 왜인을 인도해 와서 주인과 손님이 서로 두 번 읍하고 앉았는데 대마도주는 남쪽에 앉았다. 그들이 수역首譯을 불러 와서
"뵈옵니다."
했다. 그래서 답하기를,
"후한 대우와 진무振舞(일본 용어로 귀한 손님을 위해 베푸는 잔치)를 받은데다 또한 방문까지 해주니 더욱 감사합니다."
고 했다.
인삼차가 한 순배 돈 후에 파했는데 북과 피리를 올릴 것인가 하는 여부가 그제서야 우리 측에서 의견의 일치를 보아 맞아들이고 보냄에 있어 피리를 불게 했다.

• 9월 3일 맑음.
강호에 머물렀다.
삼당상 이하 평복을 입고 평성승平成勝(대마도의 봉행 왜인)과 함께 네 종실가宗室家에 가서 사사로운 예물을 전했는데 그 예절은 어제와 같았다. 그들이 우리를 상좌上坐로 맞이하여 먼저 진한 차(농차濃

茶)는 극히 맛이 좋다고 권하고, 이어서 떡과 과자를 내어 놓아 예에 따라 문답하고 파하였다. (여기서 농차는 진한 가루차를 말함.)

• 9월 11일 맑음.

강호에 머물렀다.

모든 일을 상세히 기록해야 하겠다는 뜻을 동료들에게 말하고, 행장을 수습하라는 뜻을 하인배에게 전하였다. 밤에 흉한 꿈을 꾸었는데, 온갖 생각이 일어나서 인삼차를 마셨다.

— 하략.

• 9월 28일 맑음.

왜경에 머물렀다.

— 중략.

은기수隱岐守가 사신을 뵈러 왔다. 피차에 다 관대冠帶를 갖추고 서로 두 번 읍한 다음에 앉았다. 대마도주는 같이 앉지 못하고 행에 앉아 친히 서경윤西京尹의 말을 받아 수역당상首譯堂上께 전하고 수역당상이 사신 세 분께 아뢰었다. 인사를 나눈 후 인삼차를 한 순배 돌리고 파했다.

통신사 일행이 이해 11월에 무사히 돌아 올 때까지 인삼차의 기록이 심심치 않게 등장한다. 당시 가루차를 마시며 손님을 접대하는 일본의 차생활에 맞서 우리는 인삼가루와 차가루를 혼합하여 만든 차를 인삼차 또는 삼차蔘茶라 하였을 것으로 짐작된다.

(4) 동사일록東槎日錄

김지남金指南이 쓴 해상일록으로 그는 숙종 8년(1682년)에 통사의 대열에 한학자의 자격으로 떠났지만 중도에서 지중 압물통사押物通事가 되었다. 떠날 때부터 돌아오는 날까지의 중요한 사건과 일본의 사정은 물론, 우리 사신을 대하는 태도와 접대하는 예절 등을 자세히 기록했다. 같은 해에 쓴 홍우재의 《동사록》과 김지남의 《동사일록》 두 기록 중 일인을 접대한 예절과 차에 관한 기록만을 밝힌다.

• 5월 8일 맑음.

사신 이하 사람들이 대궐에 나아가 조정을 작별하고 뒤이어 사신은 부절符節을 받들고 교외로 나오고 — 중략.

5~6명 친구들이 전송해 주겠다고 청한다. 해가 저물었다고 사양했으나 어찌할 수 없다.

크게 취해서 작별하고 한강 건널목에 도착하니 형님이 순과筍果(대순으로 만든 약자) 한 그릇과 제호탕醍醐湯(각종 과일을 가루로 만들어 꿀에 잰 후 냉수에 타서 마시는 음료)을 가지고 와서 기다린다. 큰 잔에 따라서 무릎을 꿇고 받들어 마시고 나니 정신이 맑고 기분이 상쾌하다. 이것이 실로 술 마시는 사람의 심정이리라.

• 6월 20일 병신 흐림.

좌수내포佐須奈浦에 머물렀다. 아침에 호행차왜護行差倭, 정관正官 평진행平眞幸과 부관 평성상平成尙, 재판裁判 평성차平成次, 문안차왜問安差倭 평성찬平成昌, 연후차왜延候差倭 귤진중橘眞重 등 5인이 와서 사신을 뵈었다. 이때 사신은 평복(道衣, 唐冠)으로 접견했다. 진행 등은 의관을 정제하고 들어와서 기둥 안에서 읍했다. 사상使相은 손을 들어 답례한 뒤에 삼사三使는 방문 반대쪽 자리(主壁)에 앉고, 다섯 사람은 남쪽 줄에 앉았다. 인사를 나눈 뒤에 차와 술을 두어 잔씩 마시고 끝났다.

• 7월 16일 신유 맑음.

평면에 조수를 타고 배를 출발시켜 장차 상관上關으로 향하려 하는데 풍세가 순탄치 않아 돛을 달 수가 없다. 왜선을 시켜 좌우에서 닻줄을 끌게 하고 겸해서 노를 빨리 젓게 하여 날이 어두워서야 비로소 상관에 닿았다. 포구 가에 있는 인가들은 거의 수 백 호가 되는데 긴 대나무와 푸른 소나무가 떨기를 이루어 산처럼 둘러 있다. 태수가 왕래한다는 찻집을 숙소로 정했다.

• 7월 26일 신미 맑음.

새벽녘에 섭진주 태수攝津州太守가 채금採金으로 만든 큰 궤 하나를 바치는데 떡과 실과가 가득 담겨 있었다. 대개 이것은 관백關白이 따로 태수에게 명하여 미리 준비 시켰다가 사신을 대접하는 것이라 한다. 해가 뜨기 전에 모든 배가 떠나서 오후에 대판大坂 하구에 도착했다. —중략.

이날 저녁에 도주와 참관站官 세 사람이 와서 상사를 뵙고 무사히 바다를 건넌 다행함을 치하한 후 차 한 잔씩 마시고 갔다.

• 8월 6일 신사 맑음.

왜경에 머물렀다.

우리나라 사람들은 정돈되지 못한 것이 몹시 심하다. 길을 갈 때에 중·하관中·下官 등 길을 인도하는 무리들이 말을 타고 달아나기 때문에 수를 맞추어 대기시켜 놓은 말이 항상 부족해서 걱정이 된다.

또 달리는 중에 차례를 지키지 않고, 왜인을 때리고 욕하는 자가 가끔 있기도 하다. 이것은 그들에게 폐를 끼치는 것이 적지 않을 뿐 아니라, 또한 해이하다는 비방도 듣게한다.

상사는 병방 비장兵房裨將 신이장申履壯을 시켜 엄하고 분명하게

타일렀다. 또 상·중·하의 마패를 각각 두 개씩 만들어 하나는 마부에게 주고 하나는 그 말에 탈 사람을 주어 서로 맞추어 타도록 했다. 단후수丹後守가 와서 삼사를 뵈었다. 또 대마도주는 말을 전하는 책임을 맡았다. 이들은 삼차를 마시고 갔다.

• 8월 12일 정해 맑음.

이른 아침에 대마도주가 그 봉행들과 함께 사관에 와서 뵙고 말하기를,

"강호江戶에서 따로 중로문안사中路問安使를 보내서 지금 도착했습니다." 한다.

삼사 이하가 관대를 정제하고 나가 맞으니 사자使者는 공복을 입고 대문 안에 도착하여 현교懸轎에서 내려 들어온다.

동서로 나누어 앉은 뒤에 사자가 관백의 말이라 하여 삼사에게 말하기를,

"위태한 바다를 건너고 험한 데를 지나오시느라고 기력이 어떠하십니까? 일부러 사자를 보내서 행역行役의 수고로우심을 위로하는 바입니다." 한다.

여기에 대해 삼사는 예로 대답하고 차를 먹여 보냈다.

• 9월 15일 신유 맑음.

우리가 묵은 사관에 뜰이 없어서 망궐례望闕禮를 행할 수가 없다. 추평다옥追平茶屋에서 점심을 먹었다. 오는 길의 접대는 오히려 들어갈 때보다 낫다.

(5) 해유록海遊錄

신유한申維翰은 본시 문장가로 자부하는 사람으로 1719년에 통신사를 따라 일본으로 갔다. 그는 기행문에 일기·지리·인정·풍속·제도, 초목에 이르기까지 잘 기록하였으며, 특히 일본의 다실과 다구, 차생활 등을 기록하였다. 통신사가 일본에서 손님을 접대하는데 우리나라 특산인 삼차蔘茶로 접대한 기록이 있다.

• 6월 27일. 무진 맑음.

새벽에 선두항을 떠나는데 ― 중략. 관의 동쪽을 내려가면 기울어
진 언덕 수십 척 위에다 복도를 만들고 좌우 난간과 겹처마에 담요
장막을 치고 5걸음마다 등 하나씩을 달았다. 지름길이 트이고 그 끝
에 한 관館이 놓여 있는데, 사방으로 통하고 아늑하였다.

왼쪽은 군관과 역관의 방으로 통하고, 가운데는 제술관과 서기의
방으로 정했다. 오른쪽은 의원醫員 · 서화書畵 · 악사樂師 등의 방이
었는데 그 안에 놓인 용구는 차 등이었다.

호정하자 음식을 가져왔다. 소반을 받드는 동자는 나이가 14~15
세 가량인데 머리를 두 갈래로 묶고 기름을 발라 검은 광택이 났다.
흰 모시적삼을 입었는데 푸른색으로 화초 · 송죽松竹에다 새가 날
고, 나비가 춤추는 모양을 그렸다. 올리는데 누런 칠을 한 조그마한
소반에 검은 칠을 한 그릇 두어 개를 놓아 좌포佐浦에서 대접하던
것과 같았다. 밥 · 국 · 채소 · 생선 · 과실을 각각 조금씩 놓았고 다
먹으면 더 가져왔다.

밥을 먹고 나자 차를 올리는데 색이 푸르고 맛이 조금 썼다. 끓는
물을 불어가며 조금 마시니 가슴속이 트였다.

관의 이름은 서산사西山寺인데 이 나라 풍속은 현판이 없고, 공관
을 모두 사寺라 칭하였다. ― 하략.

• 6월 29일 경오.

봉행奉行 네 사람이 와서 사신을 뵈었다. 사신이 유관儒冠에다 도
포를 입고 정청正廳의 북쪽 벽 아래 삼중석 위에 섰는데 봉행이 그
앞에 나와 두 번 절하여 3사신이 손을 들어 답했다. 재판 두 사람이

들어와 뵙는데 또 두 번 절하므로 3사신이 앉아서 받고 모두 인삼차와 주과酒果를 대접하여 보냈다. — 하략.

서산 중이란 사람은 마원馬院 만송원萬松院의 화상인데 저속하여 말할 것도 못되었다. 다만 사신이 내왕할 때에는 우리나라의 예조좌랑과 글을 상통했다. 차와 술을 마시다가 파하고 각각 일어나 가는데, 읍하여 보내기를 처음과 같이 하였다.

• 6월 30일 신미 맑음.

도주가 옛날의 예대로 장차 우리를 부중府中에 초청한다고 하여 사신인 내가 가게 되었다. — 중략.

"누구의 집이냐?"고 물었더니, 통사가 대답하기를,

"주인은 서생으로 의술을 하는 사람입니다." 하였다.

통사와 금도가 나를 인도하여 들어갔는데, 마루 위에 그림 장자障子와 은병풍, 주전자 등속을 놓았고, 뜰에 가득히 깔린 흰돌은 바둑알과 같았다. 두 소년이 아롱진 적삼과 바지를 입고 칼을 차고 무릎으로 기어와 담배 피울 용구를 갖다 놓았다.

붉은 소반에다 수박을 쪼개 놓고 설탕을 쳤으며 화자기畵磁器잔에다 푸른 차를 부어 올리는데 물건마다 깨끗하였다.

뜰 앞 녹음을 대하고 앉아 우는 새소리를 들으니 마음이 시원해졌다. 해가 저물어서 산사로 돌아와 잤다.

이튿날 아침에 도주가 배금으로 역관 · 화원 · 사자관 · 마상재인馬上才人에게 두루 상 주기를 전례와 같이 하였다. 내가 참여하지 못하니 재술관이 사사로이 도주의 초청을 받고 상품을 받는 예가 나로부터 폐지되었다.

•8월 1일 신축.

새벽 비가 부슬부슬 내렸다. ─중략.

삼경三更에야 남도藍島에 닿았다. 물빛과 등불 빛이 눈이 어지러울 정도로 찬란한데, 왜인들의 말소리가 더욱 왁자지껄하여 수십 개의 징을 치는 것 같아 귀와 눈이 모두 시끄럽다.

3사신의 배가 각각 서로 소재를 알지 못하여 화포火砲와 화전火箭으로 서로 신호를 하니, 포성이 바다에 진동하고 동쪽 서쪽에서 쏘는 화살 빛이 마치 유성이나 무지개와 같이 하늘에 솟았다가 천천히 구름과 물 위에 떨어지므로 여러 왜인들이 보고 탄복하였다. 군의軍儀와 군악을 갖추어 주악을 하면서 질서정연하게 육지에 내리는데 언덕에 있는 왜인 남녀들이 또한 모두 등불을 밝혀 들고 늘어서 있어 온갖 기이한 구경거리가 밤에 더욱 많았다.

•8월 10일 경술 맑음.

새벽에 호행하는 왜인이 "바람이 좋을 것 같으니 이른 조수[早潮]를 타 배를 띄워야 한다." 하기로 이른 아침에 드디어 출발했다.

─중략. 곧 인도하여 들어가 쉽게 하였다.

주인의 나이는 자못 늙었는데 아내와 같이 살고 있었다. 내가 묻기를, "자녀는 있느냐?"고 하였더니, "자녀는 없고 다만 내외가 살고 있습니다." 하였다. "물을 얻어먹을 수 있느냐?"고 하였더니 그 아내를 돌아보며 차를 내오라고 하자 그 아내가 부엌에 들어가 잔을 씻고 청차를 부어 통사에게 가져왔다.

내 좌우에 있는 병이나 항아리에는 새 곡식을 담았고, 마당에는 멍석을 펴고 푸른 좁쌀 두어 말을 널어 볕에 말리고 있었으며, 부엌 아궁이에는 그릇들이 단촐하여 헤아릴 만하였으나 사는 것은 퍽 즐거위 보였다. — 하략.

• 9월 11일 경진

— 전략. 나도 이미 왜인의 말을 익히 들어서 때로 아는 말이 있기 때문에 자주 왜인을 불러서 차를 청하여 마시고 담배를 태우면서 남은 거리를 물으니 왜인들이 크게 즐거워서 대답하였다. 가게에서 차를 파는 여인들은 옥같은 얼굴에 귀밑은 까마귀같이 검게 하였고, 신선로神仙爐를 안고 앉아서 차를 다려놓고 기다리는 모습이 완연히 그림 속의 사람과 같았다. — 하략.

• 9월 15일 갑신 맑음.

밝기 전에 일어나 망궐례에 참례하였다. 해가 뜨자 출발하여 절통絶通·납침磖針 두 고개를 넘었는데 고갯길이 자못 험하였다. 수십리를 가자 봉행들이 사신에게 찻집茶屋에서 잠깐 쉬기를 청하였다. 왜국의 풍속에 귀인과 부잣집은 반드시 경치 좋은 곳에 찻집(茶屋)과 연못, 동산, 별장을 짓는다. 집안에는 병풍 장막을 두르고, 술 마시고 차 마시는 도구를 만들어 진열하여 왕래하는 사람의 휴식을 제공한다.

이 차실도 역시 근강수近江守가 지은 것으로서 새롭고 깨끗하여 티끌 한 점도 없었다.

후면에는 돌샘을 끌어들여 방지方池를 만들었는데, 힘차게 뛰노는 고기들이 비늘을 헤아릴 정도였다. 한참동안 배회하다가 스스로 탄식하기를 "인생이 이러한 구역의 땅을 얻는다면 늙어 죽도록 홍진紅塵을 밟지 않을 것이다. 동래東萊 이북 좋은 산수에 어찌 나의 두어 칸 집을 용납하지 않겠는가." 하였다.

• 10월 2일 맑음.

나와 서기 세 사람이 모두 시를 지어 임태학林太學 부자가 지어준 시에 차운次韻하여 사례하였더니, 이날에 신독·신충·신지 등 밑천을 3부자가 또 와서 이야기하고 사신에게 뵈옵기를 청하였다. 그러나 정사正使와 종사관은 병이 있다고 만나주지 않았다.

그들은 부사副使의 관관에 나아가서 극히 칭찬하기를, "어제 예가 파한 뒤에 관백께서 저희를 불러 술을 주면서, 조선의 예의를 숭상하는데 사신의 절하고 진퇴하는 거동을 보니 진실로 지극히 가상스럽고 말뜻이 깊고 중하니 우리들도 따라서 영광스럽습니다." 하였다. — 하략.

(6) 부문견잡록附聞見雜錄

금귤金橘은 빛과 향내가 모두 아름다우나 맛이 시어서 먹을 수 없고, 기타 배·대추·복숭아·오얏·밤 등은 다 우리나라와 같다. 참외는 형상이 길고 맛이 싱겁고, 수박은 속이 붉고 맛이 달다.

화초는 국화가 제일 번성하고, 매화와 대가 그 다음이요, 사앵絲櫻·다화茶花·비파枇杷·소철蘇鐵·종려棕櫚가 다 명품이다. 동백은 집집마다 심어서 기름을 짜서 팔아 생활의 밑천으로 한다. 사앵화는 잎이 엷고 가늘고 길며, 가지의 하늘거리기가 수양버들과 같다. 또 해당海棠으로써 수사垂絲한 것이 있는데, 붉은 실로 구슬을 꿴 것

같아서 주렁주렁한 것이 사랑스럽다.

다화는 한겨울에 번성하게 피고, 비파는 겨울에 꽃이 피어 여름에 열매가 여니 또한 이상한 물건이었다. 생산되지 않는 것으로 과실에서는 백자柏子와 호도胡桃가 없고, 새는 꾀꼬리·까치·매·새절(鶴)이 없으며, 짐승은 범·표범이, 음식에는 벌꿀이 없다. 이 두 가지는 다 우리나라에서 얻어다 쓰는 것이므로 매우 귀하다. — 하략.

내가 보건데, 왜인들이 쓰는 기물은 검은 칠을 한 것이 반짝거려 거울과 같았다. 궁실과 선판船板·다리·가마 같은 것도 반드시 칠을 하였는데, 칠빛이 반짝거려 우리나라에서 보는 것과는 아주 달랐다. 만약 그것이 오로지 옻나무 액을 가지고 이처럼 광채나게 바른다면 서민의 집에도 한 해에 소요되는 옻나무 액이 몇 말은 될 것이요, 공후 귀인은 마땅히 열 섬은 써도 부족할 것이다. 그러나 내가 경과한 산과 들에서는 칠림漆林을 보지 못하였으므로 마음에 괴히 여겨 왜인에게 물었더니, "푸른 감을 두드려 즙을 짜서 깊이 잘 간직하면 해를 지나도 변하지 않는데, 일본의 칠하는 법은 먼저 감즙을 바르고 재삼 발라 말리어, 팽彭 옆으로 갈면 그 빛이 환하게 되는데 그런 뒤에야 옻칠을 하니 적게 하여도 색이 아름다운 것입니다."고 하였다.

음식에서 밥은 두 홉에 지나지 않고, 반찬은 두어 가지에 지나지 아니하여 극히 소박했다. 또 먹는 데에 따라서 다시 보태어 음식이 남는 것이 없게 했다. 밥을 먹은 뒤에는 청주를 마시고, 과일을 먹고, 그다음 차를 마신다.

궁중에서는 서열에 관계없이 물을 마시지 않고 반드시 차탕을 마신다. 그래서 집집마다 차를 저축하기를 곡식보다 더 중하게 여긴다.

차는 작설의 종류인데 푸른 싹을 따서 두들겨 말려 가루를 만들어 더운 물에 타서 마시거나 혹은 긴 잎으로 뜨거운 물에 담갔다가 찌꺼기를 건지고 마시는데, 매양 식후에 반드시 한 사발을 쭈욱 들이킨다.

시내의 길가에도 화로를 설치하여 차를 끓이는 사람이 천리에 서로 바라볼 만큼 있었다. 사실 행차대소 수백 인이 날마다 공급 받은 것이 각각 청차 한 홉, 엽차 한 묶음이요, 경과하는 곳마다 관館 가운데 따로 끓이는 승려를 두고 낮과 밤으로 물을 끓여서 기다린다. 그들 풍속 중 매일 행하는 떳떳한 예절로는 차와 같은 것이 없다.

(7) 봉사일본시문견록奉使日本時聞見錄

《봉사일본시문견록》은 영조 24년(1748년)에 조명채曺命采가 종사관의 직책으로 가서 견문을 기록한 것이다. 그 중 차에 관한 기록은 비교적 소상하게 기록하고 있다.

• 2월 20일 갑술. 맑고 동풍이 불었다.

악포鰐浦에 묵었다. — 중략.

두 중이 나와서 절하는데, 그 절이 몸을 굽히고서 손을 모으는 것이었다. 복장은 맨머리에 모자를 쓰지 않았고 검은 옷을 입었는데,

그 모양이 우리나라 사람의 속옷 같으나 소매는 넓고 가사袈裟의 만
듦새는 우리나라와 다름없다.

경經을 외우게 하였더니 화엄경을 읽는데, 경 읽는 소리도 우리나
라와 다를 것이 없다. — 중략.

중이 청차와 명설차茗屑茶를 바쳤다.

• 3월 5일 기축.

우박이 내리고 이어서 개었는데 날씨는 추웠다.

서산사에서 묵었다. 아침에 수역을 보내어 도주島主를 청하였는
데, 이것은 관례이다.

세 사람이 관복을 갖추고서 벌려 앉고, 비장裨將 이하 원역員役은
각각 제 복장으로 벌려 섰다. 봉행 왜인 3명이 먼저 들어와 자리 위
에서 배례하매, 인삼차를 먹이고, 또한 음식을 권하니 이 또한 전례
이다. — 하략.

• 3월 7일 신묘. 비가 내리고 남풍이 불었다.

도주가 마상재馬上才 및 사자관寫字官·화원들의 기예를 보고자
봉행을 시켜서 청하므로, 삼방三房이 각각 비장毗將 1원員으로 하여
금 재를 거느려 가게 하고, 상판사上判事로 하여금 사자관·화원을
거느리고 가게 하였는데, 전례가 그러하였다.

들건데 도주가 장막과 위의威儀를 크게 벌이고 긴 난간에는 붉은
전氈을 깔고서 여러 사람을 맞아들여서 차와 술을 대접한 뒤에 먼
저 마상재를 베풀어 기예를 다하게 하였다. 그러자 온 섬 안 사람들
이 다 나와 구경하며 떠들고 경탄하여 몹시 기뻐하였다.

사자관·화원 및 상판사 등이 들어가서 재배례를 행하니, 도주가 일어서서 손을 들어 답례하였다. 그가 청하는 대로 각각 제 재능을 다해 보이니, 좌우 곁에서 모시던 자가 누구나 다 감탄하며 칭찬하였다. — 중략.

• 3월 11일 을미 맑고 서풍이 불었다.

— 전략. 이윽고 주례酒禮를 행할 때처럼 명차茗茶를 바치고, 태수가 말을 전하기를, "접대가 변변치 못하여 몹시 부끄럽습니다." 하기에 세 사신이 답하기를, "매우 후한 대접을 받았으니 감사합니다." 하였다. 태수가 편히 앉기를 청하기에 답하기를, "우리나라에서는 꿇어앉기를 좋아함으로 편히 앉지 않아도 됩니다." 하였다.

태수가 또 환배換盃의 예를 청하였는데, 잔이 세 번 돌 때마다 다 특별한 음식이 있었다. 술 마시기가 끝나자, 왜인이 세 사신과 장로長老 앞에 붓·벼루·종이 두루마리를 바치고, 태수가 말 전하기를, "풍월風月을 읊으시기 바랍니다." 하였다. 이에 답하기를, "아직 사명을 마치지 못하였고, 또 뜻밖의 화재를 당하여 바야흐로 대죄待罪하는 중인데, 어찌 감히 한가하게 읊겠습니까? 조정의 처분을 기다려서 만약에 무사히 일을 마치고 돌아올 때라면 혹 억지로라도 지을 수 있겠습니다." 하니 왜인이 곧 종이와 벼루를 치웠다.

• 4월 3일 병진.
아침에는 안개가 끼었으나 늦게는 개고, 동풍이 불었다.
남도藍島에서 묵었다. — 중략.
이 섬에서는 대마도주 및 이정암以酊菴 중과 상견하는 예가 있으므로 세 사신이 한 곳에 모여서 만났다. 대개 사신 행차를 잘 호위하라는 뜻이고 다른 특별한 말은 없었다. 세 사신이 치사한 뒤에 삼차의 예를 행하고서 파하였는데, 마중하고 배웅하는 예절은 전과 같았다.

이 섬의 서남간에 박다진博多津(일명 냉천冷泉)이 있는데, 거기서 만든 국수와 술은 그 나라 안에서 으뜸이다. 패가대칠리탄覇家臺七里灘이라고 부르는 곳이 있는데, 여기가 바로 신라의 충신 박제상朴堤上이 절개를 세운 곳이며, 고려시대에는 나흥유羅興儒가 이 곳에 잡혀 있었는데, 정포은鄭圃隱(정몽주)이 사명을 받들고 와서 흥유를 구해서 돌아갔다. 그의 시詩 중에,

> 매화 핀 창가에 봄빛 이울고,
> 판잣집에 뿌리는 빗소리 크다.

라는 글귀가 있어 이제껏 전해 온다. 혹 듣건대 왜인이 박제상을 위하여 사당을 세우고 제사를 지낸다고 한다.

• 4월 13일 병인.
비에 막혀 포예에서 묵었다.

일찍이 들으니 우리나라 서적 중에서 《징비록懲毖錄》,《고사촬요攷事撮要》,《여지승람與地勝覽》등의 책자가 이미 들어왔다 하는데, 이제 들으니 《병학지남兵學指南》,《통문관지通文館志》가 새로이 이 땅에 들어왔다고 한다. 이는 다 훈별訓別들이 뇌물을 받고서 구해 준 것들인데, 국법을 두려워하지 않고 이들의 농간하는 폐단이 이러하

니, 몹시 통분하다.

• 4월 26일 기묘.
맑다가 늦게는 흐렸다.

대판에서 묵었다. 관반館伴과 대판 정봉행 등이 와서 문안하였다.
이 정암중이 감자를 공궤(윗사람에게 드림)하였다. 재판이 양갱羊羹을
바쳤는데, 전약煎藥(달여 놓은 약)처럼 엉겼고 맛은 달 뿐이다.

• 4월 30일 계미 맑음.
대판성에서 묵었다.

영접관이 와서 문안하고, 이어서 말하기를, "마주수馬洲守와 두 장
로長老가 오늘 뵈러 올 것입니다." 하였다. 조반 뒤에 들으니 향청饗
廳에 왔다 하기에, 세 사신이 나가서 만났더니 마주수는 먼저의 화
재를 위문하고 나서 내일 떠날 것이라고 말하였다. 두 장로는 각각
문안하였을 뿐이며, 삼다蔘茶를 한 차례 마시고서 파하였다.

• 5월 2일 을유. 늦게 맑았다.
— 전략. 세 사신이 회답을 하여 사례하였다. 삼다蔘茶례를 행하고
서 파하였다. — 중략. 세 사신이 공복으로 맞이하여 만났는데, 의절
儀節은 마주수를 만날 때와 같았다.

서경윤西京尹이 검은 공복을 입고 각모角帽 하나를 쓰고서 긴 바지
를 끌며 들어오는데, 모양이 조금 단정하다. 마주수가 관복을 갈아
입고 영내楹內에 엎드려 우리 역관과 같은 대열에서 중간에 들어 말
을 전하는데, 머리를 숙여서 공경하고 삼가며, 드나드는 것도 곁문

으로 한다.

서경윤이 '우리나라에 큰 경사가 있어서 통신사가 멀리 오느라고 노고하였다.'는 말로 위로하매, 세 사신이 관례대로 사례하고, 또 삼다례를 행하고서 파하였다. 서경윤(경도를 다스리는 경윤)은 본디 세습하는 직이 아니고, 태수들 중에서 지극하게 가려 뽑고 직위가 집정執政과 같으므로 드나들 때에는 마주수와 두 장로가 다 뜰 아래에서 매우 공경히 마중하고 배웅한다고 한다.

송평 미농수 원신경松平美濃守源信卿은 식녹이 15만 1천2백30석인데 관반사館伴使(외국 사신을 접대하기 위하여 임시로 임명된 정3품 벼슬아치)로 들어와 접견했다.

용모가 단정하고 깨끗하여 행동이 공경스러우나, 나이가 좀 젊어서 주선할 즈음에 의절에 실수가 많은데, 대마도 봉행이 곁에서 깨우쳐서 관례에 따라 수작한다. 삼다례를 행하고서 파하였다. ― 하략.

• 5월 9일 임진 맑음.

강가에서 묵었다.

마주수와 두 장로가 만나기를 청하는데, 세 사신이 장차 강호의 사자를 만날 것이므로 마주수가 은근한 뜻을 표하고 이어서 빗속에 온 것을 위로하려는 것이었으며 삼다례를 행하고 파하였다.

대마도 사람이 세 사신과 강호의 사자가 앉을 방석을 깔았다. 그런데 정사와 사자의 자리를 대등하게 하느라고 혹 밀려서 조금이라도 내려갈까 보아 줄로 재어 자리의 네 모퉁이에 구리 못을 박아서 위아래가 차이 나는 것을 견주니, 일에 잡다한 것이 흔히 이러하다. ― 중략.

세 사신이 자리에서 비켜서 머리를 숙이니, 사자가 말하기를,

"바다의 먼 길을 편안히 오셨으니 다행입니다."하고, 이어서 제가 맞이하여 만나게 된 것을 매우 기쁘게 생각한다고 말하기에, 세 사신이 자리로 돌아가 답하기를, "귀국에 경사가 있어 명을 받고 왔는데, 감히 노고를 말하겠습니까? 족하足下도 조정의 명으로 멀리 와서 위문하시니, 몹시 감사합니다." 하였다. 삼차를 권하여 한 잔이 돌고 나니, 사자가 말하기를, ─ 하략.

• 5월 10일 계사 맑음.

─ 전략. 저들의 풍속이 차 마시기를 좋아하여 한더위에도 냉수를 마시지 않고 반드시 차茶를 달여서 덥게 마시므로, 길가 점방에 흔히 더운 차를 작은 그릇에 담아서 벌려 놓았는데, 지나는 사람이 반드시 돈을 놓고 마신다. ─ 하략.

• 5월 21일 갑진

─ 중략. 오시午時에 관소에 이르렀다. 관소는 본원사本願寺인데, 강호 동쪽에 있어 곧 저자 가운데이다.

관소의 문을 들어가니, 10여 간의 행각을 새로 지어서 누각 댓돌 위에 잇대었는데, 위에는 가는 서까래를 깔고 두꺼운 유지油紙를 발라서 비와 별을 가리었다.

마주 봉행이 댓돌 아래에서 맞이하여 절하고, 두 관반 상총개·수리대부가 청상廳上에 나와 맞이하기에 마주 두 번 읍揖하고서 지나갔다. 관사館舍의 굉장하고 화려함이 서경西京보다 나은데, 강호의 3백 남짓한 절 중에서 이것이 가장 작은 절이라 한다. 병풍·족

자·장막의 설비와 차·담배그릇 등이 지나온 집들에 비하여 모두
가 더 사치스럽고 아름다우며, 부사가 묵는 곳을 보니 백자로 구워
만든 토끼 모양의 화로가 있는데 그 형상이 아주 교묘하다.

• 5월 22일 을사 비.
— 전략. 오늘 관반館伴 및 목부目付·봉행奉幸 등의 상견례가 있으
므로, 세 사신과 원역은 공복公服을 갖추고, 비장들은 윤복戎服으로
따라 왔다. 허다한 행각을 지나 대청으로 나오니, 대청은 첫 간부터
외영外楹까지 3층으로 되어 있다.

걸린 족자와 두른 병풍이 모두 아주 화려하며, 그 아래에 모양이
투호投壺 같은 구리그릇 둘을 놓고 꽃과 소나무 가지를 매우 많이
꽂았다. 이윽고 두 관반과 관사 대목부管事大目付·용괘用掛 등이 들
어왔는데, 관사라는 것은 신행信行(통신사행의 일을 관장하는 것)을 말하
며, 목부·용괘는 또한 그들의 직명이다.

여접은 마주수를 만날 때와 같으며, 그들이 말한 것은 여행을 위
로한 데에 지나지 않았다.

인삼차 한 잔씩을 마시고 파하였다. — 중략.

이밖에 이날 관백關白이 보낸 집정이 세 사신을 방문하였을 때 인
삼차를 권하여 접대하였고, 오후에는 마주수와 장로長老에게 인삼
차를 마시게 하고서 파하였다.

• 5월 24일 정미 비.
강호에서 묵었다. — 중략.
"…… 귀국에서는 오로지 주자학을 존중하니 원본元本이 사람들

사이에 행하여질 것이라고 생각합니다. 감히 묻습니다.”

하매, 종사관이 답하기를, “주자 원본이 존중되어 행해집니다. 이제 말씀하신 것은 귀국을 위하여 몹시 기쁜 일입니다.” 하니, 명원이 기쁜 빛을 나타내며 잔을 들어서 읍을 올렸는데, ‘아마도 몹시 기쁘다’(殊喜) 두 자를 반갑게 여긴 듯하다.

인삼차를 권하였다. 다 마신 뒤에 세 사람이 돌아가겠다고 하기에, 드디어 읍하고서 배웅하였다.

• 5월 25일 무진 비.

강호에 묵었다.

세 사신은 홍포紅袍에 오모烏帽를 갖추고 대청에 나가 앉고, 원역員役도 공복으로 따라 나와서 예단禮單의 여러 가지 물건을 낱낱이 세어 압송통사에게 주어서 재판과 함께 안동(함께 입회함)으로 봉과封裹하게 하고, 사신은 곧 도로 들어왔는데, 이것이 관례이다.

봉과하는 데에 드는 쟁반·궤짝·들것 등 기구와 종이·색 끈 따위는 마주수가 다 장만해 바쳤다. 그 봉해 매고 싸는 방법이 한결같이 가지런하여 조금도 흩어짐이 없고, 색이 있는 물건은 겉으로 내어서 빛을 뽐내게 한다.

인삼은 대마도 사람이 의례 다시 무게를 다는데, 마침 장마로 습한 때를 당하여 근수가 줄지 않았으니, 또한 다행하다. ─하략.

• 6월 1일 갑인 오후에 비.

강호에 머물렀다. ─중략. 미장수 원종승源宗勝은 보기에 범상한 사람인 듯하였다. 세 사신이 으례 잔치에 참여하게 되었는데, 수호水戶

원종한源宗翰이 병으로 참여하지 못하게 되었다 한다.

붉은 옷을 입은 자가 잔칫상을 올리는데, 제1상은 7그릇, 제2상은 5그릇, 제3상은 3그릇이었으니 왜국 연향宴饗의 예절은 세 차례 잔칫상을 올리기 때문이다. 무릇 다른 향연의 의식도 앞서의 예와 같으나 청차 한 순배를 잇따라 올린다.

집사하는 자가 상을 거둔 다음, 주인과 손이 함께 일어나서 두 번 읍례 한 뒤에 주인은 안으로 들어가고 손은 도로 앉았으니, 그것은 원역員役이 향연을 마치기를 기다리기 위해서다. — 하략.

• 6월 6일 기미 비가 약간 내렸다.

— 전략. 드디어 상을 거둔 후에 행중의 제호탕醍醐湯을 내어 함께 한 그릇씩 마시고 파하였다. — 하략.

• 6월 7일 경신 흐림.
강호에 머물렀다.

— 전략. 세 사신이 자리를 옮겨 머리를 수그리어 듣고 인삼차를 권하고 마쳤다. 세 사신이 자리에 나가 답례로 치사하기를, "이같이, 집정을 보내와서 문안해 주심을 받으니 감격함을 견디지 못하겠으며, 회답서는 삼가 우리 왕께 드리겠습니다." 하였다. — 하략.

• 6월 15일 무진 맑음.
— 전략. 지나는 길에 고려촌高麗村이라는 마을이 있기에 통사를 시켜 그 까닭을 물었더니, '마을 뒤에 고려高麗라는 산명이 있기 때문에 마을도 그렇게 이름 하였다.' 한다.

오전에 대의大義 관소에 이르러 처음으로 수박을 먹었는데, 속은
모두 붉고 씨는 검은 것이었다. 참관站官이 또 참외를 올렸다. — 하략.

• 7월 1일 맑음.

— 전략. 마침내 삼차 및 제호탕을 권하고, — 중략.

드디어 고시 1구를 각각 써서 주고 또 삼차·제호탕을 권하고서
파하는데, 날이 저물었다. 영장로英長老는 돌아간 뒤에 곧 사람을 보
내어 문안하고 또 매실주 1병을 올렸다.

• 7월 3일 을유 소나기가 내리다가 곧 그치고 개었다.

— 전략. 마주수가 사자를 보내어 말하기를, "사행이 떠나실 때에
잔치를 베풀어 대접함은 옛부터 해오던 일입니다만, 떠나기를 재촉
하는 사행의 명에 쫓기어 떠날 기일이 명일로 갑자기 정해져서 모
든 음식을 미처 마련하지 못하였으니, 이를 양해하시기 바랍니다."
함으로, 답하기를, "옛날 예절을 폐할 수 없으므로 우리들이 잠시
들르겠으니, 차 한 잔이면 족합니다." 하였다.

• 7월 20일 임인 맑음. 가랑비. 동풍.

— 전략. 삼차를 권하고 파하였으며, 맞이하고 보내는 것은 전의 의
식대로 하였다. — 중략.

"날이 이미 저물었으니, 석 잔만 들고 파하는 것이 좋겠습니다."
하니, 도주가 말하기를, "그렇다면 환음례換飮禮(술잔을 바꿔 마시는 예)
를 행하기를 청합니다." 하였다. — 하략.

(8) 해사일기海槎日記

조엄趙曮이 일본에 사신으로 들어갔다 돌아오기까지 13개월 동안에 있었던 보고 듣고 행함의 기록이다.

계미년 영조 39년(1763년). 이 사행使行은 대개 일본국 관백關白 원가중源家重이 물러나고, 그 아들 가치家治가 대신 서서 옛날의 우호를 청하므로 조정에서 허락하여 조엄은 정사正使로 477명을 인솔하여 다녀 온 기록이다.

• 11월 2일 을묘 맑음.
동북풍이 불었다. 서산사西山寺에 머물렀다.

봉행奉行 장감 평성태將監平誠泰 이하 5인이 뵈러 와서 두 번 읍례를 행함으로 답으로 좌수포佐須浦 때처럼 한 번 읍례하고, 삼차 · 연상宴床으로 대접하였다.

저녁에 태수 평의창平義暢 · 정암酊菴 중 요방龍芳 · 서산사의 중이 준례에 의하여 보러 왔다. 도주가 문밖에서 칼 하나를 풀고 신을 벗고 걸어서 들어옴으로 물었더니, 이것이 높은 손님을 대접하는 예절라고 한다. 섬돌에 오르자 세 사신이 퇴청에 나가 서로 읍하고 들어와서 동쪽 서쪽에 갈라서서 두 번 읍하고, 서산사 중에게는 한번 읍하는 예로 답하였다.

자리에 앉은 뒤에 먼저 삼차를 대접하고 다음에 연상을 올렸다. 술 대신 차로 9작7미九酌七味의 예를 행하였다. 예가 끝나자 도주가 손수 동무東武의 서신 한 통을 전해주는데, 문맥이 정리되지 않고, 또 어록이 많아서, 마치 우리나라의 이두吏讀와 같았다. — 하략.

• 11월 6일 기미 맑음. 동북풍이 불었다.

— 전략. 잔치를 할 때에 잔을 바꾸어 드는 것은 저들을 접대하는 준례이다. 지금은 우리의 술잔은 비록 맑은 차茶로 대신하지만, 저들의 술잔은 알 수 없다. 만약 술잔을 바꾸어 든다면 이는 술을 남에게 권하는 것이 된다. 스스로 마시는 것이야 우리가 어찌할 수 없지만 우리 손으로 술잔을 잡는 것은 의리에 불가함으로 미리 수역으로 하여금 이 뜻으로 왕복하게 하였다. 그래서 술잔을 바꾸는 일은 폐하지 않고 서로 읍하고 나왔다. — 중략.

차 마시는 것이 끝나자 붓과 벼루를 바쳐 시를 지어주기를 청하였으나, 사명이 끝나지 않았다 하여 사절하였다. — 중략.

• 12월 7일 기축 맑음.

남도藍島에 머물렀다.

내가 이 섬에 머문 지 이제 5일이 되었으나 한번도 왜국 차를 맛본 적이 없었다. 밤중에 뒷간에 갔다 돌아오니 다승茶僧이 촛불을 밝혀 차를 끓여 놓고 나를 기다리며 자지 않는다.

그 밤낮 등대하여도 한 번도 찾지 않음을 생각할 때 애쓰는 것이 참으로 애석함으로 억지로 한 잔을 달라 하여 맛보고 이어서 부채 한 자루를 주었다. 그랬더니 손을 모아 절하며 황공히 사례할 무렵에 딴 다승이 와서 말하기를, "나는 상방上房의 다승이요, 이는 부방의 다승입니다. 나는 잠시도 떠난 적이 없다가 마침 촛불을 가지러 나갔는데, 그사이에 대신 수직하던 자가 이런 선물을 얻게 되었으니 한스럽습니다." 하고 혀를 차며 애석해 하여 마지않는다. 통사가 마침 그 자리에 있다가 수가 있는 것이라고 풀어주니 중은, "그렇습니다, 그렇습니다.”고 한다. 그 말을 들으니 나도 모르게 웃음이 터져 나왔다. 본다승本茶僧에게도 부채 한 자루를 주었다. ─ 하략.

• 12월 27일 기유 맑음.

적간赤間에 묵었다.

지금 책상에 둔 벼룻돌을 보니, 반드시 아주 좋은 것인지 모르겠다. 일찍이 우리나라의 연경燕京에 사신으로 갔던 어떤 사람이 중국에서 아주 좋은 벼룻돌을 구하여 비싼 값을 주고 한 개 사와서 자세히 보니 우리나라의 남포에서 나는 돌이었다 한다. 이로 미루어 보건데 천하의 벼룻돌은 아마 남포에서 나는 것보다 나은 것이 없을 터인데, 다른 나라의 소산을 사람들이 문득 희귀하게 여기니, ‘가까운 것을 버리고 먼 것을 취한다.’고 할 수 있다. ─ 하략.

• 1월 3일 을묘 맑음. 서남풍이 불었다.

진시에 배를 띄워 오시에 상관上關에 닿아 묵었다. ─ 중략.

국서를 받들고 관소에 나가니 이곳은 주방주 소속이나 장문주長門州의 속현인 탓으로 지공支供을 장문주에서 맡아야 한다고 하였다. 장문주 태수가 설 떡 두 궤를 보내왔는데 떡 하나의 크기가 쌀 서 말은 되겠으니 큰 떡이라고 할 만하였다.

• 1월 9일 신유 아침엔 흐리다가 늦게는 맑았다.

포예蒲刈에 닿아 묵었다. ─ 중략.

도주는 다시 ‘후통喉痛이 바야흐로 심하여 바람을 쏘이기가 어렵다.’ 말하고 인해 박하전薄荷煎을 요구해 왔다. 그리하여 박하전 및

용뇌고龍腦膏(약명. 안신고安神丸) 세 가지 약과 세 가지 약방문을 베껴
서 보냈다. 그리고 수역首譯을 보내고 문병을 하였더니 자못 감사하
다고 하였다.

• 2월 7일 기축 맑음.
견부見付에서 점심을 먹고 현천懸川에서 잠을 잤다. ─ 중략.
점심을 먹고 길을 떠났다. 지나는 길가의 밭 가운데에 간혹 푸른
잎이 소복소복 땅에 한 자쯤 깔려 있었다. 물어보니 차나무였다. 따
서 맛을 보니 잎은 구기자와 같았는데 맛은 연로沿路에서 대접받던
세말細末 청차 맛이었다. 왜인들은 먹는 것이 대부분 생선이기 때문
에 쓴 차를 먹는 것도 괴이할 것이 없다. ─ 하략.

• 2월 18일 경자 아침에 비.
강호에 머물렀다. ─ 중략.
대청 안에는 2층이 있는데 세 사신이 윗층에서 서쪽을 향하고 앉
았더니, ─ 중략. 잇달아 들어와 뵙는데 각각 재배례를 행하였다. 다
섯 사람은 다 풍절은 이미 귀한 것이요, 풍절건風折巾을 쓰고 흑문의
黑紋衣를 입었다.
등태무는 20세 남짓하고 대강 광만은 20세가 채 못 되어 보이는데,
두 사람은 자못 소명疎明하게 생겼으니 그들의 일찍 출세한 것은 마
땅하나, 나머지 세 사람은 별로 일컬을 만한 것이 없는 자들이다.
삼차를 한 순배하고 파하였다. ─ 중략.
오후에 다시 대청에 나갔더니 집정 두 사람이 뵙기를 청하는데,
이는 관백이 노문勞問하는 규례이다. 세 사신은 공복을 입고 ─ 중략.

삼다蔘茶를 권한 후에 — 하략.

　• 2월 24일 병오
강호에 머물렀다. — 중략.
　일찍이 수십 년 전에 칙사가 와서 청심환 두어 제를 요청하는 바,
한 호조낭청이 판당에게 여쭙기를, "삼황蔘黃(산삼을 첨가한 우황청심원
의 약칭)은 이미 귀한 것이요."했다. — 하략.

　• 2월 25일 정미 맑음.
강호江戶에 머물렀다. — 중략.
　맨 처음엔 명함名啣을 바치는데, 곧 그의 나이와 직업 및 세계世系
이고, 그 다음엔 세덕世德 및 사신을 맞을 때에 서로 접견하는 일을
진술하고, 세 번째는 무진년 세 사신의 안부를 묻고, 또 칠언율시 한
수를 바쳤다.
　신애 또한 처음에는 명함을 바치고 이어 여로의 노고를 묻고 또
칠언 율시 세 수를 바쳤다.
　나는 물음에 따라 대답하고, 시장詩章은 일을 마친 다음에 화답해
보낼 뜻으로 대답하였다.
　삼차를 마시고 잠깐 있다가 물러가기를 청하기에 서로 읍례를 하
고 헤어졌다. — 하략.

　• 2월 27일 기유. 아침에 비 오고 느지막엔 흐림.
강호에 머물러 관백에게 전명하였다.
　밥을 먹은 뒤에 도주가 사자를 보내어 관백의 집에 가기를 청하

기에 세 사신은 금관에 조복 차림으로 우리나라의 견여肩輿를 타고, 군관은 융복戎服, 원역은 모두 단령團領을 착용하고 따랐으며, 김서기金書記 한 사람만이 따르지 않았다. — 중략.

지금 관백 가치家治는 가강家康의 6대 손이 되는 것이다. 간혹 국왕이라고도 일컫다가 길종吉宗에서부터는 일본 대군日本大君으로 고쳐 일컬었으니, 이는 임금도 신하도 아닌 명호名號가 바르지 못한 것이다.

우리나라가 이미 부득이 해서 교류해야 한다면 왜황倭皇과 동등한 교제를 해야 옳다. 임금도 신하도 아닌 관백과 그 예의를 동등이 하는 것은 더욱 수치스럽고 분할 따름이다. — 하략.

• 2월 28일 경술 흐림.
강호에 머물렀다.

낮에 마도수 및 두 장로가 와 뵈었다. 도주가 필담을 바쳤는데 이는 왕명을 무사히 전하고 예도에 절차가 있었음에 대한 치하였다. 삼차를 한 순배하고 헤어졌다.

• 3월 5일 병진. 아침엔 흐리고 느지막엔 맑음.
마주수의 연석에 갔다. — 중략.

잔치상이 이미 배설되었다. 연수宴需 · 화상花床 · 9작 7미九酌七味의 예식은 한결같이 부중에서의 공연처럼 하였다.

잔치가 파하자 세 사신은 내헐청內歇廳으로 물러가 쉬었는데, 대청 감실에는 금계金鷄 · 향로香爐와 구리로 만든 사자獅子 및 서화를 베풀어 놓았으니, 아마 살림살이의 기구를 자랑하려는 것이리라.

태수의 일족 등이 뵙기를 청하니, 또한 규례이다.

공복 차림으로 잠깐 정청正廳에 나가 상읍례를 행하고 자리에 앉
았다. 마주 봉행이 수역에게 말을 전하매 와서 고하는데, 안부를 묻
는 규례에 불과한 것이었다. 삼차를 한 순배 하고 헤어졌다. — 하략.
관백의 회답서를 받고 강호에 머물렀다.

• 3월 7일 무오 아침엔 비오고 느지막엔 갬.

들으니 집정들이 회답서를 가지고 온다 하기에 밥 먹은 뒤에 세
사신은 공복을 갖추고 원역들 역시 규례대로 차리고 대청가에 나가
섰다. 도주는 앞서 이미 와 기다리다가 두 집정을 문밖에 나가 맞아
들였다. "신 중 평안하오니 매우 위로되고 기쁩니다. 보낸 이 답서
는 모름지기……" 집정이 마도수를 시켜서 관백의 말을 전하기를,
"관소에 머무신 국왕에게 전해 드리시오." 하기에, 세 사신은 앉았
던 자리를 변동하고 들었다.

삼차를 권해 마치자 집정이 도주를
시켜서 — 하략.

• 6월 15일 을미 맑고 서남풍.
서산사에서 잤다. — 중략.
찬상은 차리지 않고 다만 인삼차(蔘
茶)만 먹고 헤어졌다. — 하략.

• 6월 16일 병신 맑고 남풍. 서산사
에서 잤다.
도주가 봉행을 시켜 팽언佯言하기

백유반구병白釉盤口瓶
높이 : 32.5cm
구경 : 10.6cm

를, "잔치를 차릴 수 없다면 다만 잠깐 왕림해 주십시오. 차茶만 대접하고 파하겠나이다." 고 함으로 — 하략.

• 6월 18일 무술 맑고 남풍.

서산사에 머물었다. — 중략.

이 섬에 먹을 수 있는 풀뿌리가 있는데 감저甘藷 또는 효자마孝子麻라 불리어졌다. 왜음으로 고귀마古貴麻라 하는 이것은 생김새가 산약山藥도 같고, 무뿌리(菁根)와도 같았다. 그 잎은 산약 잎사귀 비슷하면서 그 보다는 조금 크고 두터우며 조금 붉은색을 띄었다.

넌출 역시 산약 넌출만한데 그 맛은 산약에 비해 조금 강하고 실은 진기가 있으며 반쯤 구운 밤 맛과도 같았다.

곡식과 섞어 죽을 쑤어도 되고 반청拌淸하여 정과로 써도 된다. 떡을 만들거나 밥을 섞거나 간에 되지 않는 것이 없으니 가히 흉년을 지낼 자료로서 좋을 듯하였다.

들으니 이것은 남경南京에서 일본으로 들어와 일본의 육지와 여러 섬들에 많이 있다는데 그중에 마도가 더욱 성하다고 하였다.

반전 인삼 중에 삼차 9냥. — 하략.

(9) 유상필柳相弼의 동사록東槎錄

순조 11년(1811년), 이 때 한일 양국의 중간 지점인 대마도에서 사행 임무를 수행하기로 하였다. 이때가 처음이자 마지막 사행이 되었다.

• 5월 13일 맑음.

이 날은 강호사江戶使를 상접하는 날이다. 도주는 신병 때문에 참석하지 못하고, 그 아들 암천巖千으로 하여금 대행하게 하였다. 강호 상사上使는 의례로 초접初接을 하지 아니하고 부사가 들어올 때에 접반사 5인이 먼저 들어와서 보고 차를 마시고는 나갔다. 얼마 후에 부사가 들어오자 두 사신은 퇴헌退軒으로 나가서 영접을 하여 청에 올라 서로 두 번 읍揖을 하고 앉았다. 왜사倭使가 착용한 것은 도주를 처음 볼 때와 다름이 없다.

도주의 아들로 하여금 관백關白의 말로는 성후聖候(임금의 안부)를 물으매 수당首堂은 양사兩使에게 고하니, 양사는 자리를 옮겨서 사례를 하고, 도로 본자리에 앉아 수당首堂을 시켜서 안부를 묻고, 삼차를 대접하였다. 도주의 아들이 언어와 행동이 지극히 영리하매 두 사신이 그를 사랑하여 제호탕을 주어 보냈다.

도자기 사각 구절판합

제8장

차 마시기의 기원

1. 차를 마시기 시작한 기원

중국에서 차를 마시기 시작한 기원은 알 수가 없으나 육우陸羽의 《다경茶經》에 인용된 신농씨神農氏의 《식경食經》을 보면 '차를 오래 마시면 힘이 솟고, 마음이 즐거워진다.'고 기록하고 있다. 그러나 전한前漢의 역사가인 사마천司馬遷 B.C.145~186이 사기史記를 지으면서 '황제 이전의 기사는 제외할 만큼 신농씨에 관한 기사는 신빙성이 희박한 것이다.'라고 기록하고 있다. 그러나 차와 신농씨와의 관계는 이미 널리 알려진 탓도 있겠으나 비록 신화라 할지라도 역사적인 인물 즉 삼황오제의 한 분으로 내려오고 있어 그 누구도 절대없는 결론을 내릴 수는 없을 것이다.

● 송나라 왕관국王觀國의 학림《학림學林》에는 《주례》에 '<다장茶掌>은 차를 모아서 상례에 제공하는 일을 맡아 본다.' 또 상례에 '차를 점다點茶한다.'고 하였고 '부인婦人이 맡아 한다.'고 되어 있다.

● 송나라의 구양수歐陽脩는 《집고록漢古錄》에서 '차는 전대의 역사에 보이는데 대저 위나라와 진나라 때부터 있었다.'라고 했다.

● 송나라의 배문裵汝은 《다술茶述》에서 '차는 동진東晉에서 비롯되어 본조(송나라)에서 성행되었다.'고 하였다.

● 《남창기담南窓記談》에는 '차 마시기는 양나라의 천감 연간(502~517)에 비롯되었다는 사연이 《낙양가람기洛陽伽籃記》에 보이는데, 그렇지가 않다.'고 기록되어 있다.

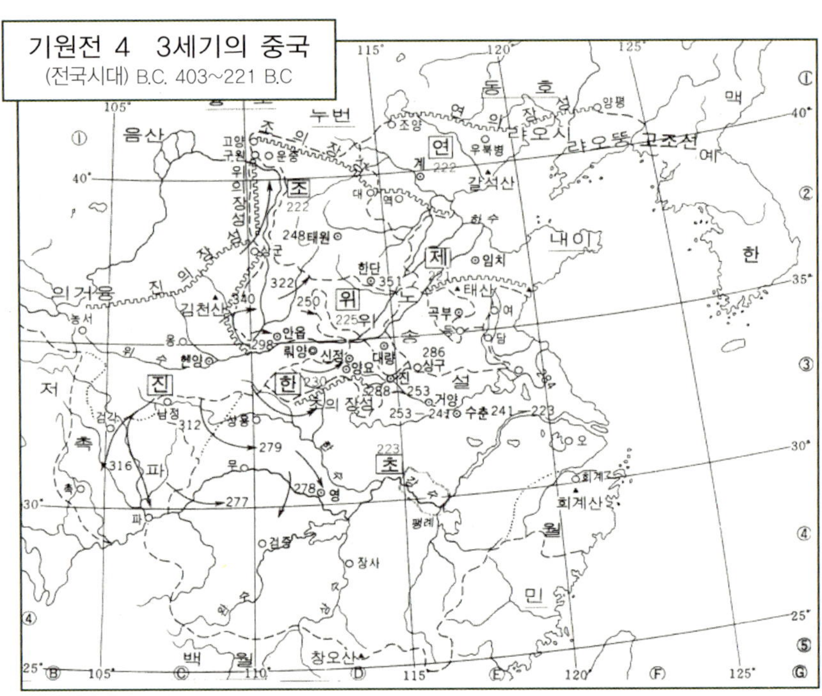

● 독일의 식물학자인 브레츠슈나이더Bretschneider는 모문석의 《다보茶譜》에 수록된 다음 이야기를 차마시기의 기원이라고 말하였다.

'수나라의 문제가 미련할 때, 꿈에 귀신이 머릿골을 바꾸면서부터 머리가 아팠다. 문득 만난 스님이 아뢰기를, '산속에 차가 있사오니 달여 잡수시오면 마땅히 병이 나을 것 이옵니다.' 라고 여쭈었다. 임금이 마셔 효험이 있자 이로부터 다투어 따게 되어 천하에서는 이때 차 마시기에 대해 비로소 알게 되었다.'

이 이야기는 명나라 진인석陳仁錫의 《잠학거류서居類書》에도 수록되어 있다.

● 전한前漢의 선제宣帝B.C.74~49 때인 신작 3년 B.C.59에 왕포王襃라

216 차茶의 맥脈

는 선비가 기록한 노비매매문서인《동약憧葯》이 믿을 만하다. 그 안에는 과부인 양혜의 죽은 남편이 거느리던 편료便了라는 남자 종이 왕포에게 팔려온 뒤에 할 일이 적혀 있다. 그 중에 차와 관련된 대목에 대하여 청나라의 고염무顧炎武1613~1682와 황여성黃汝成은《일지록집석日知錄集釋》에서 다음과 같이 해석하였다.

'왕포는《동약》의 앞에서 자라 지지기와 차달이기(炮烹茶)라 하고, 뒤에서 무양에서의 차사오기(武陽買茶)라 하였다.'

● 청나라의 고염무는《일지록日知錄》에서 '진나라 사람이 촉나라를 얻은 뒤에 비로소 차를 마시는 일이 있었다.'고 하였는데, 이것은 결국 전국시대부터 차를 마셨다는 말이 되는 것이다.

● 청나라의 유계장瀏繼莊은《광양잡기廣陽雜記 권3》에서 '《조후유사趙后遺事》라는 소설에 나오는 이야기에 의하면 차를 마시는 풍습은 전한前漢 때부터 비롯되었다.'고 하였다. 또 '전한의 성제재위 B.C. 33~8가 붕어한 뒤 조비연趙飛燕은 꿈에 성제를 보았는데, 그 분부에 따라 차를 올리고자 하였으나 좌우의 신하들이 조비연은 평소 황제에게 근신치 못하니 그가 올리는 차를 마셔서는 안된다고 상주하여 꿈속에서 비명을 지르다가 시자侍者의 도움으로 깨어났다.'

2. 삼국과 진晉시대

삼국시대는 조조曹操의 아들인 조비曹丕가 후한後漢의 헌제獻帝를 옹립하여 낙양에 세운 위魏나라, 경제景帝의 먼 손자뻘인 유비劉備가 성도에 세운 촉蜀나라, 손권孫權이 건업남경에 세운 오吳나라 등의 삼국이 약 50년간 다투던 시대이다.

그런데 삼국 중에서도 관우關羽나 장비張飛와 같은 용장과 지용을 견비한 제갈양 공명諸葛亮 孔明을 가진 촉나라가 가장 강한 나라였다. 그러나 제갈양이 사망하자 촉나라는 위나라에 의해서 망하고, 그리고 위나라의 재상인 사마염司馬炎이 원제로부터 제왕의 자리를 빼앗아 황제로 즉위하면서 나라의 이름을 진晉이라고 하였다. 진나라는 연달아 강남의 오나라까지 멸망시키고 280년에는 천하를 통일하였다.

이 서진西晉 때의 차 이야기라면 육우의 《다경》에 인용된 장재의 〈성도 누각에 오르는 시〉와 〈손초의 노래〉 및 《진사왕기사晉四王起事》 그리고 두육杜育의 《천부荈賦》가 있다.

그리고 흉노匈奴의 추장酋長인 유총劉聰의 낙양 함락으로 서진이 멸망한 이듬해인 317년에는 황족인 사마예司馬睿가 강남의 건업(강소성 남경시)에 동진을 세웠다.

이 동진시대의 차 이야기에는 육우의 《다경》에 인용된 《진중흥서晉中興書》, 《신서》의 〈환온전〉, 곽박郭璞의 《이아爾雅》 등이 있다.

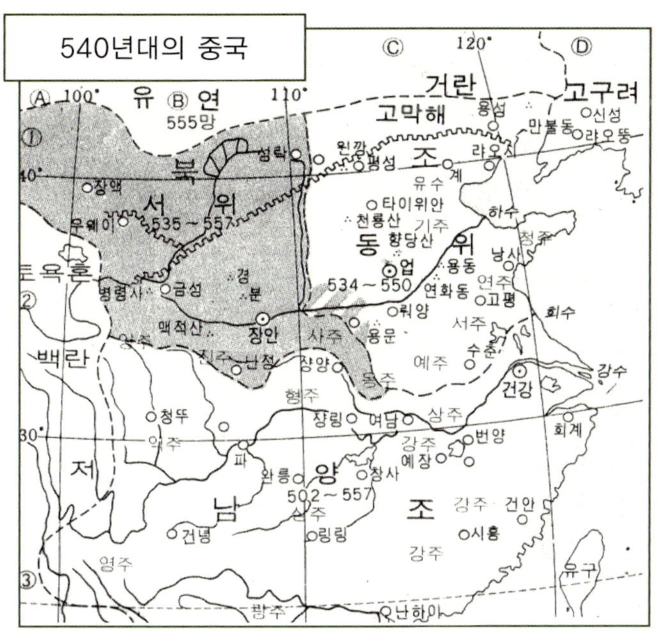

540년대의 중국
유 연
555망
서 위
535~557
북
동 위
534~550
장액
우웨이
토욕혼
병령사
금성
맥적산
장안
사주
남 조
502~557
백란
저
청뚜
액주
파
완룽
양
순주
링링
건녕
영주
광주
거란
고막해
고구려
용성
신성
만불동
랴오뚱
라오시
윈깡
평성
조
계
유수
타이위안
천룽산
향당산
기주
업
용동
연화동
연주
고평
뤄양
서주
낭사
정주
회수
룽문
예주
수춘
강수
양양
둥주
건강
형주
장링
여남
상주
번양
회계
강주
예장
장사
강주
건안
시흥
유구
난항아

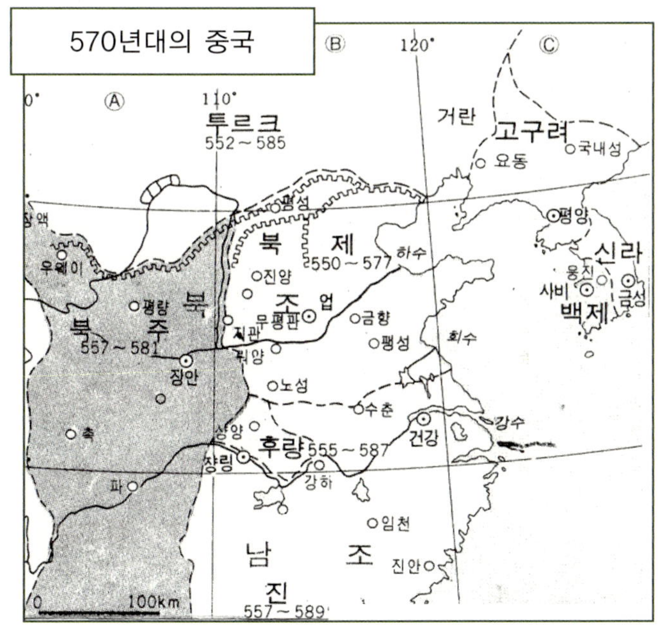

570년대의 중국
투르크
552~585
북 제
550~577
북 주
557~581
북
조
업
우웨이
장액
평량
진양
무평
지관
뤄양
장안
촉
양양
후량 555~587
장링
파
강하
남 조
진
557~589
노성
금향
평성
수춘
임천
진안
거란
요동
고구려
국내성
평양
신라
웅진
금성
사비
백제
회수
강수
건강
100km

3. 남북조시대南北朝時代

진秦나라의 남침을 격퇴시킨 동진은 유유劉裕 장군에 의해서 멸망되고, 421년에 송宋나라로 바뀌었다. 또 북쪽에서는 선비족인 탁발규拓跋珪가 440년에 후위後魏라는 나라를 세워 한민족이 세운 남조와 오랑캐가 세운 북조가 대립되기에까지 이르렀다. 그런데 선비족 출신인 효문제孝文帝 471~499는 서울을 낙양으로 옮기고, 한화정책漢化政策을 시행하였기 때문에 남조로부터의 귀순자가 늘어나게 되었다.

그 무렵 남조인 제나라에서 귀순한 왕숙王肅의 차 이야기는 육우의 《다경茶經》에 인용된 〈후위록後魏錄〉에 보인다. 그리고 《다경》에는 제나라의 세조인 무제가 유조遺詔에서 '영좌에는 다른 제물과 함께 차를 곁들이라.'고 하였다.

이 밖에 송나라의 차 이야기인 《송록》과 왕미의 잡시 등도 《다경》에 수록되어 있다.

양현지楊衒之의 《낙양가람기洛陽伽藍記 권2 성동 경령사조》에는 북위의 중대부中大夫인 양원신楊元愼이 양나라의 사신인 진경지陳慶之에게 '차마시기를 장으로 간주한다茗飮爲漿'고 한 말은 남조에서의 차마시기는 북조에서의 낙장酪漿마시기와 같다는 뜻이다.

또 《낙양가람기 권3 성남 보덕사조》에는 앞에서 살펴본 왕숙의 차이야기와 얽힌 대목이다. 즉 북의의 팽성왕彭城王은 남제南薺에서 귀순한 왕숙의 버릇에 물들어서 차마시기에 빠진 급사給事 유호劉鎬에게 '그대는 왕후의 여덟 가지 진미를 탐내지 않고 하인용 물의 재앙차를 즐긴다니, 바다 위에 있는 기호가 편벽된 사나이 같고, 마을

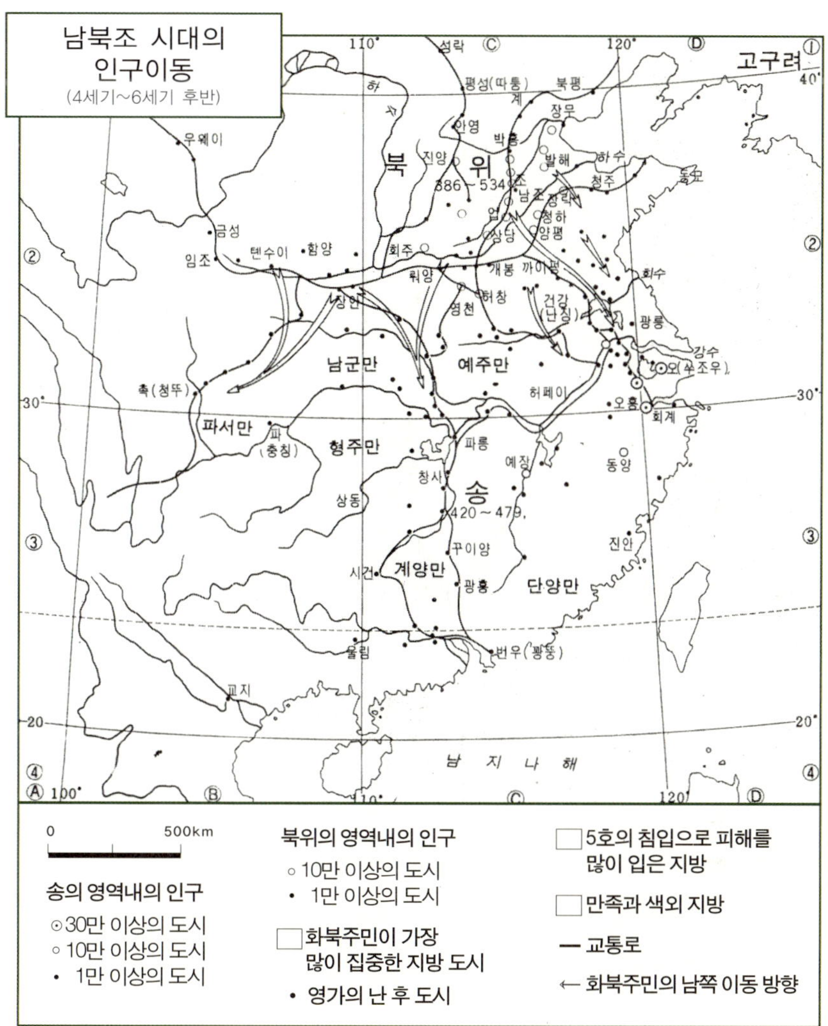

안에서 배우는데 얼굴을 찡그리는 부인과 같다.'고 비웃었다.

이처럼 북조에서는 차를 배척하는 정책을 썼지만 《신수본초新修本草》의 명고도茗苦搽의 주석에는 '살피건데 《이아의 석목釋木》조에 이르기를, 가(檟 : 차의 별명)는 고도(苦 : 차의 옛 이름)인데 봄과 가을에

딴다. 산남의 금주金州·양주梁州·한중漢中의 산골짜기에서 난다.'
고 적혀 있듯이 강북에서도 하등품의 차가 있었던 것이다.

이밖에도 절강성 소흥부 여요현 출신인 우세남虞世南의《북당서
초北堂書鈔권 144, 주식부 다편8》에 인용된 다음의 기록들은 남조에
서 차를 마시는 풍습이 점차 성행되고 있었다는 상황적인 증거가
될 것이다.

● 비연裴淵의《남해기南海記》

'서평(西平 : 하남성 여령부)에서 나은 고로皐盧는 차싹의 별명인데,
남녁 사람들이 음료로 삼는다.'

●《형주토지기荊州土地記》

'무릉(武陵 : 호남성 상덕부)의 일곱 고을에서는 두루 나는 차를 가장
즐긴다.' 당시의 차 산지는 강소·안휘·호북·사천 등과 육우《다
경》에 인용된《동군약록桐君藥錄》·《녹증류본초錄證類本草》〈고채苦
菜〉 조에 대한 도홍경陶弘景의 주석.

송나라 이방李昉의《태평어람太平御覽》에 따르면 서양(西陽 : 호북성,
황주부 황현의 동쪽)·무창武昌·여강(盧江 : 안휘성 여주부)·진릉(晉陵 : 강
소성 상주부 무진현)의 동쪽도 차의 산지였다.

당나라 온정균溫庭筠의《채다록採茶錄》에도 진나라의 왕몽王濛은 차
를 즐겨 방문객에게는 번번이 차를 마시게 하므로 사대부들은 매우
고통스러워하면서 왕몽을 찾아 문안하고자 할 때마다 말하기를
'오늘도 물의 재앙(水厄. 차마시기)이 있으리라.' 하였다.

4. 당唐나라

남북조시대는 많은 변천 끝에 북주北周의 외척外戚인 양견楊堅이 남조인 진陳나라를 멸망시키고, 남북조를 통일한 수隋나라를 세웠다. 그런데 수나라의 문제文帝(양견)가 바로 차로서 두통을 고쳤다는 설화의 주인공이다. 그리고 그의 아들인 양제楊帝가 이궁離宮사이를 편리하게 순행하기 위해서 만든 운하運河는 남북을 관통하는 것이어서 화남華南에서 나는 차를 화북華北으로 나를 수가 있었다.

당나라의 풍속사를 쓴 봉연封演의 《봉씨문견기封氏聞見記》에는 당나라 현종의 개원(713~741) · 천보(743~755) 연간에 차를 마시는 풍습이 화북지방에서 성행되었다는 것을 알게 하는 설화가 있다.

'남녘 사람들은 차를 즐겨 마셨으나 북녘 사람들은 처음에 많이 마시지를 않았다. 개원 연간에 태산의 노암사에는 강마사降魔師가 있었는데, 선교를 크게 일으켜 자지 않고, 저녁밥을 먹지 않는 대신 차마시기를 허락하였다.

사람들은 차를 품속에 끼고다니며 가는 곳마다 달여서 마셨다. 이후 따르고 본받아 옮아서 마침내 차를 마시는 풍속을 이루었다.

그리하여 추(鄒 : 산동성 추현 동남쪽의 주성) · 제(薺 : 산동성 청주부) · 창(滄 : 하북성 천진) · 체(棣 : 산동성 무정)로부터 점점 서울에 이르는 성벽이 있는 도시에서는 점포를 열고 차를 달여서 팔았고, 도인이나 속인을 불문하고 돈을 주고 마셨다. 그 차는 강회(江淮 : 양자강과 회수로 통하는 강회운하)로부터 오는데, 배나 수레가 서로 이어져서 산더미처럼 쌓이고 종류와 수량도 많다.'

당나라의 초기부터 중기에 이르는 동안 차를 마시는 풍습이 중국의 전역에 보급된 사정에 대해서는 당나라 중기 사람인 육우의《다경》중 다음과 같은 기록을 보면 알 수 있다. '시대의 물결에 따라 풍속이 번져 국조(당나라)에 성행되어 두 도읍 낙양과 장안, 형유(형주와 유주)에서는 수많은 집의 음료가 되었다.'

그런데 봉연은《봉씨문경기》에서 차마시기의 풍습이 성행된 이유로서 '차의 효능과 육우가 다도를 성립시킨 공적에 있다.'고 하였다.

'초楚지방의 사람인 육홍점이 다론茶論을 짓고, 차의 효능과 차달이기, 차 굽는 법을 말하고, 다구 24종을 만들어서 이를 모듬 바구니에 담으니, 멀고 가까운 곳에서 마음을 기울여 사모하고, 호사가는 한 벌을 집에 간직하였다. 상백웅常佰熊이라는 사람이 있었는데 거듭하여 홍점(육우를 말함)의 이론을 널리 윤색함으로 말미암아 이에 다도가 크게 성행되어 신분이 고귀한 사람과 조정의 벼슬아치로서 차를 마시지 않는 사람이 없었다.'

그리고 구양수歐陽脩는《신당서新唐書》의 <육우전>에서 '육우는 차를 즐겨서《다경》3편을 지었다. 차의 근원, 차의 법도, 차의 도구를 더욱 갖추어 서술하니, 천하에서 차마시기를 널리 알게 되었다.'고 한다. 그런데 육우가《다경》을 짓기 이전까지는 백비차百沸茶가 유행되었다. 그러나 육우는 차에 야채나 과일 같은 것을 섞어서 끓이는 방법을 지양하고 차만을 달여서 소금으로 간을 맞추는 방법으로 바꾸었다.

이 밖에 노동(盧同 ? ~ 835)이 읊은 '붓을 움직여 맹간의가 부쳐준 햇차에 사례하다(走筆謝孟諫議寄新茶)' 라는 차시茶詩는 차 마시는 풍습을 확산시키는 데 크게 공헌하였다.

5. 송宋나라

당나라 때를 떡차餠茶 중심의 시대였다고 한다면 송나라 때는 오대(五代907~957)에 개발된 연고차硏膏茶 중심의 시대라고 할 것이다. (연고차는 앞서 연고차 만들기에 있음)

연고차를 달여 마시는 방법에 떡차, 즉 덩어리차를 분쇄하여 다시 차 맷돌로 간 다음 비단체로 곱게 가루 내어 마시는 점다법點茶法 · 일발점一發點 · 칠탕법七湯法 등이 있다. 점다법은 송나라 이전인 오대 삼국시대 때부터 시작되었는데 송나라 때에 이르러 꽃을 피우게 되어 차가 예술의 경지에 이르게 되었다.

이때 찻사발, 즉 천목잔天目盞이 생산되어 연고차의 흰빛과 검정빛의 다완茶碗과 조화를 이루게 되었고, 그로 인해 검정빛 바탕에 봉황의 문양과 무지개빛이 스며든 듯한 자기, 그리고 밤하늘 별빛, 불꽃같은 빛과 거북이등 같은 문양의 다완이 생산되는 쾌거를 이루게 되었다. 그래서 차와 도자의 관계는 떨어질래야 떨어질 수 없는 관계로 이어저 차사茶史를 빛내게 되었던 것이다.

차의 삼묘三妙 란 빛깔은 순백색이고, 향기는 순한 본연의 향기이며, 맛은 달고도 미끄러운 것을 말한다.

■ 차의 생산지

산남山南 : 협주[峽州 : 원안遠安 · 의도宜都 · 이릉夷陵], 상주喪州 · 형주刑州 · 형주荊州 · 금주金州 · 양주梁州

회남淮南 : 지주芝州 · 의양군義陽郡 · 서주舒州 · 수주壽州 · 운주鄆州 · 황주黃州

절서浙西 : 호주(湖州, 장흥현) · 상주常州 · 의주宜州 · 항주杭州 · 목주睦州 · 흡주歙州 · 윤주潤州 · 소주蘇州

검남劍南 : 팽주彭州 · 면주綿州 · 촉주蜀州 · 묘주卯州 · 아주雅州 · 노주瀘州 · 미주眉州 · 한주漢州

절동浙東 : 월주越州 · 명주明州 · 무주務州 · 대주臺州

검중黔中 : 은주恩州 · 파주播州 · 귀주貴州 · 이주夷州

강남江南 : 악주鄂州 · 원주袁州 · 길주吉州

영남嶺南 : 복주福州 · 건주建州 · 소주韶州 · 상주象州

■ 연간 생산량

《송회요宋會要, 권29》에 따르면 남송南宋, 고종의 소흥 32년(1162)에 호부戶部에서 집계한 주요 산지의 생산량은 다음과 같다.

방 면	생산량	방 면	생산량
절동로浙東路	1,063,020근	절서로浙西路	4,484,615근
강남동로江南東路	3,759,226근	강남서로江南西路	5,383,468근
형호남로荊湖南路	1,125,846근	형호북로荊湖北路	905,845근

그리고 정부에서는 다음과 같이 지역별 생산 목표량을 정하기도 하였다.

지방	강 남	양 절	형 호	복 건	총 계
수량	10,270,000근	1,279,000근	2,470,000근	393,000근	14,412,000근

■ 다법茶法

송나라의 다법茶法에 따르면 차를 전매하는 통상법通商法과 관죽법官鬻法이 있었다.

즉, 통상법이란 장사꾼들이 돈이나 황금과 비단을 주고 13개의 산장(山場 : 차밭)과 6개 각화무榷貨務에서 차를 불하拂下받는 것이다.

여기에서 말하는 산장이란 호북湖北·안휘安徽·하남河南의 13개소에 두었던 차밭으로, 산장마다에는 차를 재배하는 원호(園戶 : 국영 차밭에 예속된 차 농사꾼)들이 있었다.

산장의 원호들은 일정한 수량의 차를 나라에 현물세로 바치는데, 남는 수량은 나라에서 사들였다.

그러나 훗날에는 다인(茶引 : 차 장사꾼이 소비세를 바치고 얻는 차의 거래

허가증)을 가진 장사꾼과의 거래도 허용되었다.

그리고 관죽법이란 백성들이 마실 차를 식다무食茶務라는 판매소에서 파는 각다제도権茶制度를 말한다.

차를 판매하는 관청인 식다무에서 실수요자인 백성에게 차를 팔아서 생긴 돈은 각 주州, 현縣의 자치를 위한 비용에 충당토록 하였다.

송나라의 차 전매제도는 태조의 건덕(963~967) 연간부터 발달되어 인종의 가우 4년(1059)에 전매제도가 중지될 때까지 사천四川과 광남廣南을 제외한 차의 산지에 시행되었다.

그러나 차의 전매제도를 중지할 때 납차臘茶만은 그 대상에서 제외되었다.

그 뒤에도 차의 전매제도는 많은 우여곡절을 겪게 되었다.

즉, 신종의 원풍 2년(1079)에는 강남·양절·형호·천협에 대해서는 납차의 통상을 잠정적으로 허락하였으나, 원풍 8년(1085)에는 다시 전매제도로 환원되었다.

그리고 휘종의 숭령 2년(1103)에는 납차나 초차(草茶 : 재배차)를 모두 전매품으로 삼다가, 숭령 4년에는 초차의 전매를 해제하더니, 정화 2년(1121)에는 납차의 전매제도를 완화하여 관청에서 사들인 잔량에 대해서는 상인들의 거래를 허용하였다.

이처럼 모든 차의 거래를 통제하여 많은 세금을 걷게 한 것이 채경(蔡京 : 1047~1126)의 다법개혁茶法改革이었다.

이러한 북송의 다법은 남송의 초기까지 이어지게 되었다.

그리하여 남송 고종의 소흥(1131~1162) 연간에는 초차의 자유판매를 백성들에게 허락하였으나, 납차의 경우 상등품은 관청에서 사들이고, 하등품만 상인들의 자유판매를 허락하였다.

그러나 각장(権場 : 북송의 태조가 상인들이 양자강을 건너가는 것을 금지하고, 호시장互市場을 양주·한양 등에 열고 관청에서 무역을 하던 각서権署에서 비롯된다)이 개설되고, 소흥 12년(1142) 6월 양자강 이북에 대한 납차의 자유판매가 금지되자 커다란 제한을 받게 되었다.

더구나 상인들이 복건의 원호園戶와 결탁하여 납차의 상등품을 하등품으로 사들여서는 금나라에 가서 사사로이 무역 거래를 하는 사태가 일어났다.

따라서 그해 9월 23일 각장権場에서 거래되는 납차 무역의 이익을 옹호할 목적으로 납차라면 품질의 좋고 나쁜 것을 묻지 않고 관청에서 사들이고 상인들과 원호와의 거래를 금지시켰다.

한편 소흥 12년 6월, 납차에 대해서는 상인들이 강북에 가지고 들어가는 것을 금지하였으나, 초차와 말차末茶만은 여전히 강북에서 백성에게 파는 것과 각장에서 관헌에게 파는 것만을 허용하고, 금나라 사람과의 거래는 엄격하게 금지하였다.

이러한 정부의 방침은 금나라가 멸망할 때까지 지속되었다.

■ 다상군茶商軍

송나라 때의 차 역사에서 주목되는 것이 다상군이다.

다상군이란 차 장사꾼들을 모아서 편성한 군인이기는 하지만, 관군官軍이 아니라 의용군義勇軍이었다.

다상군을 모집하게 된 시기와 동기는 다음과 같다.

즉, 북송의 인종 때(재위 1023~1063)에 차나 금의 전매법을 어기고 사사롭게 몰래 파는 다적茶賊이나 염적鹽賊의 작은 반란이 여러 곳

에서 일어났으나 정부로서는 평정할 수가 없었기 때문에 마침내 초
안(招安 : 죄를 용서함)하여 군대에 편입하였던 것이다. 그리하여 남송
의 말기인 이종(재위 1225~64)·단종(재위 1276~1277) 때 금나라의 군
사가 침략하자, 다상茶商과 대다상大茶商으로 편성된 다상군은 지금
의 호북성 근방에서 용감하게 싸워서 금나라 군사의 남하를 저지시
켰다.

이처럼 다상군이라는 의용군이 정부의 군대(관군)와 협력해서 용
감하게 싸운 까닭은 금나라 군사가 쳐들어오면 그들의 차장사가 위
협을 받기 때문이었다.

■ 다마무역茶馬貿易

당나라 이전에는 주로 중국의 비단과 오랑캐의 말이 교역되었으
나, 송나라 때부터는 다마무역이 성행되었다.

송나라 초기에 차의 수출은 민간에서 자유롭게 하였으나, 신종의
희령 7년(1074)에 차의 수출은 민간에서 독점하게 되자, 오랑캐와
의 다마무역을 맡아 보는 관청인 다마사茶馬司를 섬서성陝西省의 진
주秦州·봉주鳳廚·연하燕河에 두게 되었다.

그런데 희령 7년에는 은·비단·도첩(度牒 : 허가증)으로 오랑캐의
말을 수입하였으나, 원풍 6년(1083)부터는 차로써 바꾸었다.

처음에는 촉지방의 하등차인 거칠은 차(조차粗茶)를 수출하였으
나, 남송 효종의 건도 말년(1173)에는 상등차인 고운 차(세차 細茶)를
수출하였다.

이처럼 차의 등급을 바꾼 송나라의 수출정책은 다마무역에 있어
서 손실을 초래하였다. 왜냐하면 고운 차의 맛을 본 오랑캐들이 거친

차를 천대하므로 차값은 떨어지는 반면 말값이 올랐기 때문이다.

이를테면 초기에 상등 말 한 필이라면 차 한 바리(태駄 : 짐)로써 수입할 수가 있었던 것이, 효종의 순희 4년(1177)에는 말값이 10배로 뛰어 네 자(尺) 네 치(寸)의 하등 말이 차 열 바리의 값에 이르렀다.

더욱이 상등 말의 경우는 은이나 비단을 주지 않고서는 수입할 수가 없게 되었다.

말의 수입량은 남송 고종의 건염 2년(1128)에 2만 필에 이르렀으나, 효종의 건도 초년(1165)에는 9천 필로 줄고, 순희 초년(1174)에는 12,994필을 목표로 하였으나 실제 수입량은 미달하였다.

6. 금金나라

차의 국내 생산량이 적었던 금나라는 차의 자급자족을 꾀하는 한편 송나라 차의 수입을 제한하였다.

대개 건국 초기(1115)부터 장종의 승안 3년(1098) 7월까지는 송나라 차의 수입을 제한하지 않았다. 그러나 그해 8월부터 금나라가 멸망하던 천흥 3년(1234)까지는 송나라의 차를 수입 제한하였다. 그리고 승안 3년 8월부터 12월까지와 장종의 태화 5년(1205)부터 금나라가 멸망할 때까지는 차 만들기는 민간에서 경영하였다. 또 승안 4년부터 태화 4년까지는 차만들기를 관청에서 경영하였다.

■ 차의 수입 정책

금나라는 건국 초기부터 승안 3년(1198)까지의 80여년 간은 해마다 송나라로부터 공급되는 차 이외에는 모두 국경에 있는 각장에서 수입하고, 밀수입을 금지하였다.

정부는 송나라 차의 수입을 제한하기 위하여 제량帝亮의 정원 2년(1154) 7월에 비로소 염초향차鹽鈔香茶, 문인인조고사부文引印造庫使副를 두는 한편, 세종의 대정 12년(1172) 12월에는 《각장향차죄법榷場香茶罪法》을 제정하고, 대정 16년에는 《향차죄상격香茶罪賞格》을 제정하였다.

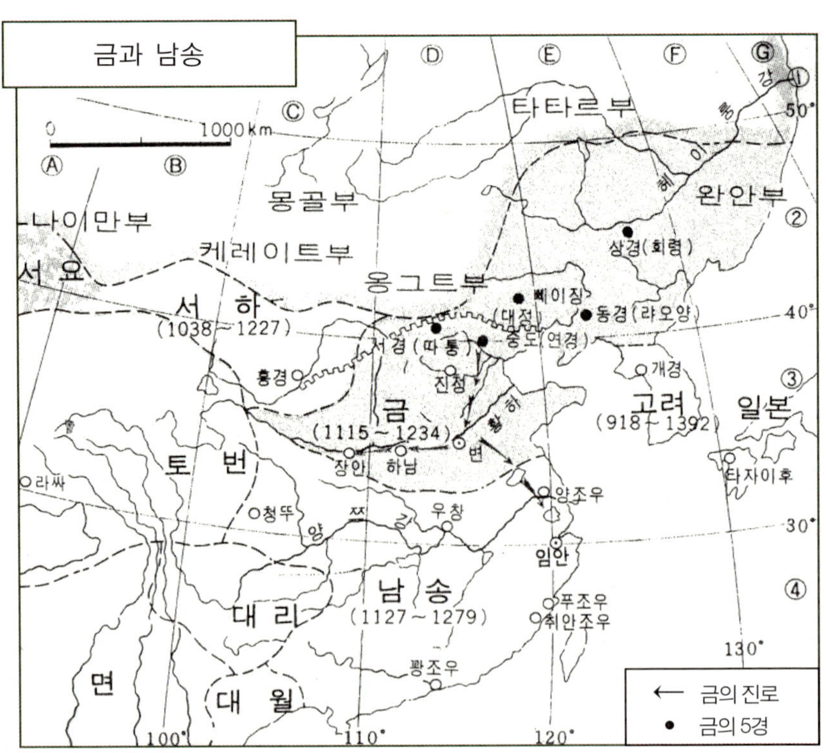

이처럼 금나라의 정부가 송나라 차의 수입을 제한하는 시책을 펴 나간 것은 다음과 같은 이유 때문이었다.

첫째, 송나라 차에 대한 의존도가 높을수록 공급의 취약성은 증대된다.

둘째, 송나라 차를 밀수입하다가는 군사기밀이 누설되기 쉽다.

셋째, 평시에 금나라가 비단실, 솜, 비단, 금을 송나라에 수출하는 것은 국비가 낭비고 송나라를 도와주는 꼴이 된다.

이러한 폐단을 배제하기 위하여 금나라는 백성들이 마시는 차의 소비를 제한하고, 수입 대가는 소금 등으로 지불하기로 하였던 것이다.

7. 원元나라

원나라 때에도 송나라 때와 마찬가지로 연고차를 즐겨 마셨다. 원나라가 강북을 지배하고 있을 때인 건국 초기(1206)부터 세조의 지원 4년(1267)까지는 군량軍糧을 얻기 위하여 송나라의 다법을 모방한 세다제도稅茶制度를 채택하였다.

그리고 세종의 지원 5년(1268)에서 지원 7년(1270)까지는 각다제도(権茶制度 : 관가에서는 제값을 치르고 백성의 차밭을 차입하여 다관茶官을 두어 차를 만들게 하는 것. 또 왕애王涯의 각다법이란 민간인의 차나무를 관청에서 경영하는 차밭인 관장官場에 옮겨 심게 한 다음, 민간에서 차를 심거나 만드는 것을 금지시키는 것)를 실천해 차의 관리를 관청에서 관리를 함으로 해서 막대한 이익을 국고로 환수했다. 이렇게 차밭을 가꾸어 만든 차를 장사군에게 넘기는 것을 관차官茶라고 하였고, 관차가 아니면 거래를 금지하고 사차私茶는 모두 태워버리게 했다.

문종의 태화 9년(835) 10월에 각다사榷茶使가 된 왕애는 내시를 죽이는데 실패한 재상인 이훈李訓과 절도사인 정주鄭注의 사건에 연좌되어 내시인 구사량九土良 등의 군사에게 장안의 영창리에 있는 찻집에서 체포되어 그해 11월에 그의 각다법을 원망하는 군중들이 던진 돌에 맞아 죽었다. 이때 왕애의 집에 놀러갔던 노동(盧同 : 차 시인)도 뒤통수에 돌을 맞고 죽었다.

또 그해 12월에는 제도의 염철사 겸 각다사가 된 영호초令狐楚가 어린아이의 장난 같고, 백성에게 불편한 각다법을 폐지하고 구법舊法대로 찻세를 받게 함으로써 각다법은 시행되지 못하다가 원나라가 남송을 멸망시킨 지원 12년(1273) 강남에 각다제도를 시행 뒤 각다에 의한 찻세의 수입통계가 가능해졌다.

8. 명明나라

명나라 때는 잎차를 즐겨 마셨다. 송대의 연고차가 명대에 잎차로 바뀐 이유에 대해서는 명나라의 심덕부沈德符가 《야획편野獲編》의 <임금께 바치는 차(供茶)>조에서 다음과 같이 밝히고 있다.

'건국초기에 사방에서 바치던 차는 건령(복건성 건구현)과 양선(강소성 의흥현) 차의 품격을 으뜸으로 삼았다. 이때는 오히려 송대의 법도를 그대로 따라 진상하는 것은 모두 맷돌질하고 비벼서 크고 작은 용단차(龍團茶 : 용 무늬가 찍힌 덩어리차)를 만들었다.

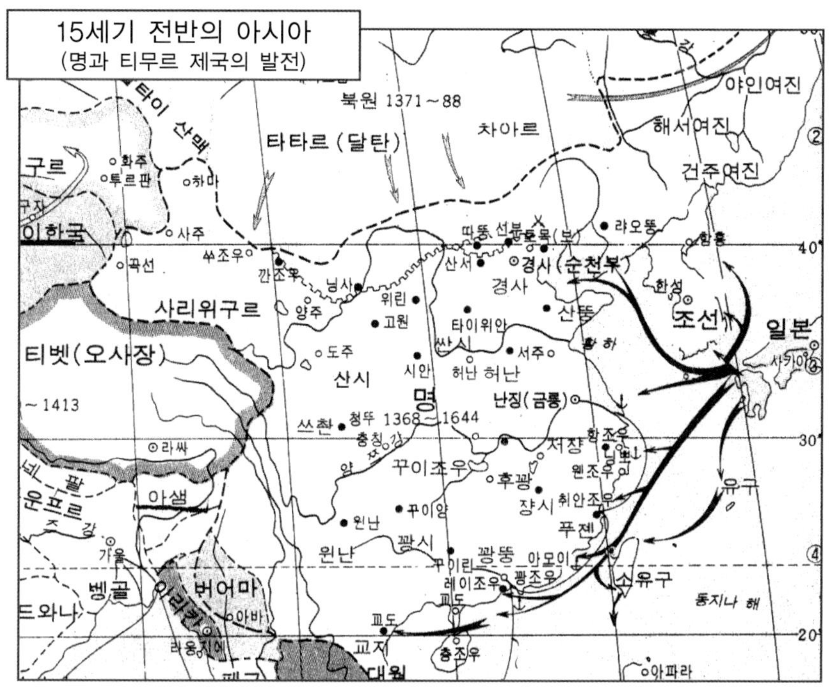

    홍무 24년(1391, 명나라 태조의 연호) 9월에 이르러 상감은 민력(民
力)수고를 중히 여겨 용단차의 만들기를 그만두게 하고 오직 찻싹
을 딴 채로 진상케 하였다.'

    차따기 : 송대의 차책에는 차를 따는 적기가 경칩(양력 3월 5~6일
경)에서 금화(양력 4월 5~6일 경) 전후로 적혀 있는데, 이것은 저자들
이 복건성 건안에 있는 북원차北苑茶를 기준삼아 적었기 때문이다.

    그리고 명대의 차책에 차따는 적기가 모두 곡우(양력 4월 20~21일
경)로 적혀 있는 것은 저자들이 절강성과 안휘성의 차를 기준삼아
적었기 때문이다.

● 장원張源의《다록茶錄》

'곡우날 닷새 앞을 으뜸으로 삼으며, 닷새 뒤가 다음 같다……'

● 전춘년의《제다신보》

'곡우 전후에 거둔 것이 좋은데, 거칠거나 고운 것도 모두 쓸 수
가 있다.'

● 허차서의《다소》

'청명(양력 4월 5~6일 경)과 곡우는 차를 따는 절후이다. 청명은 너
무 이르고, 입하는 너무 늦다. 곡우 전후면 알맞다.'

● 도융의《다전》

'곡우절의 전후를 기다렸다가……'

차만들기 : 차를 만드는 법이 적혀 있는 명대의 차책은 장원의《다
록》, 허차서의《차소》, 정용빈程用賓의《다록茶錄》, 나름羅廩의《다해
茶解》, 풍가빈馮可賓의《개다전芥茶箋》등이다.

이 중에서 장원의《다록》에 수록된 <차 만들기(製茶)>는 다음과
같다.

'새로 딴 찻잎은 쇤 잎과 억센 줄기와 부스러기를 골라내고, 너비
두 자 네 치의 노구솥에 차 한 근 반을 덖는다.

솥이 몹시 달 때를 기다렸다가 차를 떨구어 넣기 시작하여 얼른
덖어야 하며, 불길을 약하게 해서는 안된다.

뜨거워질 때를 기다렸다가 바야흐로 불을 물려 내고 체에 담아서
맴돌림 체질을 몇 번 가볍게 한 다음 다시 솥에 넣고, 불길을 점차
로 줄이면서 알맞은 정도로 말린다.

그 속에 현미한 것이 있으나 말로써 나타내기란 어렵다.,

불살피기 : 차달이기에서 첫 번째로 중요한 것은 불길 살피기(火候)이다.

허차서는《다소》의 <물을 끓이는 그릇(煮水器)>조에서 불길 살피기에 대하여 다음과 같이 말하였다.

'차맛은 물에서 나며, 물은 그릇에 에워 싸이고, 끓는 물은 불로 익는다. 이 넷은 서로 필요로 하는 것이라 하나만 빠져도 못쓰게 되는 것이다.'

또 장원은《다록》<불길 살피기>에서 다음과 같이 말하였다.

'차 달이기에는 불길 살피기가 앞서야 한다. 화로불이 빨갛게 되면 차 탕관을 비로소 얹고, 부채질을 가볍고 빠르게 하여야 한다. 소리(탕관에서 물 끓는)가 나기를 기다려 차츰 심하고 빠르게 하는데, 이것이 문무(文武 : 강약)의 살피기라는 것이다.,

끓는 물 살피기 : 송나라의 나대경羅大經은《학림옥로鶴林玉露》에서 찻병의 끓는 물 살피기에 대하여 다음과 같이 요령있게 설명한 바가 있다.

'나와 같은 해에 진사에 급제한 이남금李南金이 이르기를,《다경茶經》에서는 물고기 눈(魚目)·용천연주湧泉連珠로써 물을 끓이는 알맞은 정도로 삼았다. 그러나 근세에는 차를 달이는데 가마를 쓰는 일은 드물고 병으로 물을 끓이기 때문에 끓는 물의 상태를 살펴보기가 어렵게 되었다. 그러기에 소리로써 첫 번째 끓음(一沸), 두 번째 끓음(二沸), 세 번째 끓음(三沸)의 맞는 정도를 분간하여야 한다.

또 육우陸羽의 법도는 가루차를 찻솥에 넣는 것이므로 두 번째 끓을 때 분량에 맞추어 가루차를 떨구어 넣기로 되어 있다. 그러나 만약 지금처럼 끓인 물을 찻사발에 붓고 달이면 마땅히 두 번째 끓음에서 세 번째 끓음으로 건너갈 때 분량에 맞추어야 한다.'고 하였다. 이에 소리 듣고 분별하는 시를 지어서 말하였다.

> 섬돌 벌레는 두던거리며 만 마리의 매미 울음소리 베푸니
> 문득 천 대의 수레에 두다려 싣고 오는 듯
> 솔바람 소리 산골 물소리 듣고서야
> 얼른 육색과 초록색 사기진을 찾네.

그러나 명나라의 장원은 《다록》의 <끓는 물 분별하기(湯辯)>에서 시각(視覺)과 청각(聽覺)에 의한 방법을 제시하고 있다.

'끓는 물에는 크게 세 가지의 분별법과 열 다섯 가지의 작은 분별법이 있다.

첫째를 모양 보고 분별하기(形辨)라 하며, 둘째를 소리듣고 분별하기(聲辨), 셋째를 김보고 분별하기(氣辨)라고 한다.

모양의 분별은 속을 분별(內辨)하는 것이요, 소리는 겉을 분별(外辨)하는 것이요, 김은 빠르게 분별(捷)하는 것이다.'

그런데 당시 물을 익히는 방법에 두 가지 견해가 있었다.

즉 허차서는《다소》에서 두 번째 끓은 물을 적당한 것으로 보았다.

그러나 장원은 《다록》에서 '끓인 물이라면 모름지기 다섯 번 끓어야 만차의 세 가지 기이함(빛깔·향기·맛)이 주효한다.'면서 오비순숙탕五沸純熟湯을 적당한 것으로 내세우고 있다. 또한 원나라의 원각袁桷도《등회록澄懷錄》에서 다음과 같이 오비법五沸法을 주장한 바가 있다.

'채군모는 끓인 물의 어린 것을 취하고 쇠한 것은 취하지를 않았다. 지금의 잎차란 물 끓이기가 모자라면 차의 신령스러움이 극도

에 달하지를 않고 차의 빛깔이 밝지를 못하다. 그러므로 차 겨루기 (茗戰)의 첩경은 다섯 번 끓이기에 있다.'

이처럼 오비순숙탕을 취한 이유에 대하여 청나라의 유원장劉源長은《다사茶史》에서 다음과 같이 설명하고 있다.

'당·송唐宋 시대의 차는 맷돌과 체를 거쳐서 날으는 가루가 되어 끓인 물에 들어가면 차의 신령스러움은 뜨기 쉽다. 그러므로 끓인 물은 어린 것을 취하고 쉰 것은 쓰지 않았다. 명·청明淸 시대의 차는 잎차를 쓰고, 가루차가 아니기 때문에 끓인 물의 상태가 모자랄 때는 차의 신령스러움이 극도에 달하지를 않는다. 이것이 다섯 번 끓어서 완전히 익은 물을 취하는 까닭이다.'

차 우려내기 : 차의 성분을 우려내기 위하여 잎차와 끓인 물을 다관에 넣고 융합시키는 방법에는 세 가지가 있다.

계 절	방 법	내 용
봄 가을	중투법 中投法	다관에 끓인 물을 절반 붓고 차를 넣은 다음 절반 남은 물로 채운다.
여름	상투법 上投法	다관에 끓인 물부터 붓고 차를 넣는다.
겨울	하투법 下投法	다관에 차부터 넣고 끓인 물을 붓는다.

그런데 위의 세 가지 중에서 중투법이 통상적으로 사용되는 방법이었던 모양이어서 명나라 서위徐渭의《전다칠류煎茶七類》와 허차서의《다소》에는 중투법이 적혀 있다.

송나라 채양의《다록》에 찻사발을 불에 쬐어서 예온시키는 방법이 있었는데, 청나라 유원장의《다사》에도 다관을 쓰기 전에 더운 물을 붓고 예온시켜야 한다고 적혀 있다. 그리고 잎차를 다관에 넣는 기구도 허차서의 《다소》에는 손으로 차를 집어서 넣는 방법이 적혀 있다.

그러나 유원장의 《다사》에 따르면 단단한 종이로 만든 주걱이 사용되었다.

그리고 다관에 잎차와 끓인 물을 넣고 융합되기를 기다리는 시간에 대하여 허차서의 《다소》에는 다음과 같이 적혀 있다.

'먼저 손에 차를 쥐고 끓인 물을 찻병에 넣기를 기다렸다가, 곧 뒤를 이어서 끓인 물에 차를 떨구어 넣은 다음 뚜껑을 꼭 덮고 세 번 숨 쉬는 시간을 기다린다. 다음은 바리에 가득 기울였다가 또다시 찻병으로 받아들인다. 이렇게 흔들어 씻음으로써 향기로운 운치를 돋구며, 아울러 빛깔이 침체하지 않도록 하는 것이다. 다시 세 번쯤 숨쉬고서 가볍게 떠 있는 찻잎을 안정시킨 다음 찻물을 찻잔에 쏟아 붓고 손님에게 드린다.'

한편 잎차와 끓인 물을 다관 아닌 찻잔에서 융합하여 우려내는 충다법沖茶法도 있다.

이러한 충다법은 명나라 전예형의 《자천소품》과 청나라 유원장의 《다사》에 적혀 있다.

뚜껑이 달린 큰 찻잔에 뜨거운 물을 붓고 잎차를 띄워서 찻물이 우러나면 뚜껑을 비스듬히 덮은 틈새로 찻물을 마시고 찻잎을 남기는 충다법은 명나라 때부터 지금까지 이어져 내려오고 있다.

차마시기 : 다관에 넣은 차는 세 번 우려 마실 수 있으나 두 번(재탕) 우려 마시는 것이 알맞다. 즉 허차서의 《다소》에도 '한 병의 차는 다만 두 번째 잔 돌리기를 견디어 낸다. 첫 번째 돌린 잔은 싱싱

하며 맛 좋고, 두 번째 돌린 잔은 달고도 순박하나, 세 번째 돌린 잔은 마실 의욕이 없어진다., 라고 적혀 있다.

그리고 마시는 요령에 대하여 명나라의 서위徐渭는《전다칠류煎茶七類》의 <차의 맛보기(嘗茶)>조에서 다음과 같이 말하고 있다.

'차가 입에 들어가면 먼저 흘러들어온 물을 빨아들이고 천천히 마실지어다. 단물이 혀에 밀려오기를 기다리면 참 맛을 얻을 수 있고, 다른 과일을 섞으면 향기와 맛을 모두 빼앗긴다.'

차의 삼묘三妙 : 잎차의 빛깔은 연두빛이고, 맛은 달고도 윤택하며, 향기는 차 본연의 향기를 간직하고 있다.

■ 다법茶法

명나라는 송·원대宋元代의 다법을 이어 받아 섬서와 사천에 각다법, 강남과 그 밖의 산지에서 통상법을 시행하였다.

차의 생산지는 다호茶戶·원호園戶로 불리우고, 호적상 일반 민호民戶와 똑같이 부주현관府州縣官의 관할 밑에 소속되어 생산하는 차의 일부는 한 해의 세(歲課)로써 정부에 바쳤으나, 남은 차는 모두 정부의 통제로 상인에게 불하하여 거래되었다.

이러한 경우에는 송나라 이후의 통상법에 의한 다인茶引과 다유茶由의 제도가 시행되어, 정부는 차의 판매 허가증인 다인(백 근 단위)과 다유(60근 단위)를 차가 생산되는 부주현府州縣에 발급하고, 상인으로 하여금 그 대가인 찻세를 바치게 해서 차의 판매권을 인정하는 한편 사차私茶인 밀매차를 엄격하게 취체 감시하였다.

내륙지방에 시행된 통상법은 정부의 재원財源을 확보하는 데 기여하였다.

그리고 섬서·사천의 차 산지는 티벳과 인접한 교통로이므로 다마무역을 위하여 대량의 관차官茶를 확보하고 사차私茶를 출경방지出境防止를 위한 각다법이 시행되어 정부의 엄중한 통제를 받게 되었다.

대개 찻세는 다호茶戶가 가꾸는 차나무의 그루를 기준해서 부과하고 차로써 바치는 것이 원칙이었다.

주인이 있는 차밭에 대한 세율은 차나무 열 그루에 두 냥으로써 이것은 열 그루의 차나무에서 수확되는 차의 10%에 해당된다. 그리고 《명회전明會典》에 따르면 주인이 없는 차밭은 군대로 하여금 재배 수확하여 관청 80%, 군대 20%의 비율로 분배하였다.

이처럼 찻세를 차로써 바치는 것은 본색本色이라 하며, 흉작되는 해에 돈이나 비단으로 바치는 것을 절색折色이라고 하였다.

■ 다마 무역

교역 기구와 장소 : 명나라는 송나라의 다마무역 제도를 어어받고, 서북방의 변경邊境에는 다마사茶馬司를 두고, 요동에는 마시馬市를 두고서 군마를 공급하였다.

명나라 초기에는 섬서성에 여섯 군데의 다마사를 설치하였다.

공창부鞏昌府 : 낙타항駱駝巷 · 초자보稍子堡 · 고교高橋 · 화찬욕火鑽峪

임조부臨洮府 : 복양伏羌 · 영원寧遠

그리고 추가로 설치한 다마사는 다음과 같다.

조주洮州 : 홍무 7년(1374)

감주甘州 : 홍무 30년(1387)

서녕西寧 : 영락 9년(1412)

하주河州 : 가청 14년(1535)

주문周門 : 가청 42년(1563)

이밖에 장주莊州 · 낭주浪州 · 한중漢中 · 암주巖州 · 여주黎州 · 균운筠運 · 아주雅州 · 진주秦州 · 민주岷州 등지에도 다마사가 설치되었다. 이러한 제도는 청나라 때에도 지속되었다.

그리고 명나라는 성조의 영락 3년(1405) 만주의 개원(開原, 2개소)과 광령廣寧에 마시馬市를 설치하고, 훗날에는 열하熱河의 개평開平과 무순撫順에 마시를 개설하였다.

■ 교역 시기

다마무역의 초기에는 일정한 교역 시기가 없었다.

그러다가 명나라 신종의 만력 4년(1576)에 각 다마사에 일정한 교역시기를 정하였다.

즉 섬서성의 조주다마사洮州茶馬司는 5월, 하주河州와 감숙다마사甘肅茶馬司는 6월, 서령다마사西寧茶馬司는 7월에 교역하도록 정하였다.

이처럼 교역시기를 정한 것은 오랑캐끼리 차에 대한 수요 경쟁과 말에 대한 공급 경쟁을 일으켜서 찻값을 올리는 한편 교역 업무의 편의를 도모하기 위한 것이었다.

9. 청淸나라

청나라 때에는 홍차·녹차·전차(甎茶 : 벽돌차)·다말茶末을 이용하였다.

■ 찻세茶稅

찻세 세종의 옹정 8년(1730) 천차정세례川茶征稅例를 정하고, 유지諭旨를 받들어 천차(川茶 : 사천성의 고급차)는 차밭과 차나무를 분간하여 세액을 정하고 찻세는 근량斤兩으로 수납하였다. 처음에는 근斤에 은 4사絲 9홀忽을 납부하였으나 훗날에는 1리釐 2호毫 5사絲로 늘어났다.

■ 다법茶法

호부戶部에서 공포한 차인(茶引 : 정부가 차세를 바친 사람에게 차의 판매권을 구는 허가증)의 규정인 다법예관茶法例款은 다음과 같다.

① 사차私茶를 저지르는 사람은 사염私鹽과 똑같이 벌을 준다.

② 이미 검사가 끝났는데도 차인茶引을 받지 않고 산에 들어가서 속이는 것은 사차私茶로서 논죄한다.

③ 관업官業은 차인을 지급하는 것으로 차를 생산하는 부府, 주州, 현縣에 교부한다.

상인이 차를 사려면 관청에 수량을 기재한 서류를 제출하고, 은을 납부하여 다인을 지급받고서야 비로소 국경으로의 반출이 허락된 것이다.

차의 거래는 다인마다 백 근으로 하며, 다인에 미달하는 것은 기영(畸零, 端數)이라고 하여 따로 유찰由札을 갖추어서 지급하는데, 수량과 산지의 원근에 따라서 한도를 정한다.

경과하는 지방의 집조(執照 : 감찰)는 만약 차에 유인由引이 없는 것과 다인을 안 가진 사람은 모두 고소, 또는 체포를 허락하고, 그 다인에 있는 수량과 맞지 않거나 또는 여분의 차를 가진 사람도 체포해서 신문한다.

차를 팔 때는 처음에 지급된 유인由引을 차를 파는 관청賣茶官司으로 가지고 가서 반납한다. 해당되는 부府, 주州에서는 한 명씩 있는 위관委官이 처리한다.

④ 사차私茶 5백 근을 휴대하고 거래한 사람은 현행의 사염례私鹽例에 비추어서 호송 종군시킨다.

⑤ 가차假茶 5백 근 이상을 만든 사람은 본인과 전매한 사람도 함께 신문 호송하여 가까운 지방의 군대가 종군시키며, 만약 점포에서 천 근 이상을 감춘 사람도 예에 비추어서 호송 복역시키며, 위의 수량에 미달하는 사람은 죄를 신문하여 상례에 따라서 처벌한다.

⑥ 다법을 시행하는 지방은 강소 · 안휘 · 절강 · 강서 · 호남 · 호북 · 사천 · 운남 · 귀주 · 섬서성 등이다.

각성各省의 다인 수량은 약 70만 인引 안팎이었다.

■ 차의 무역

다마무역 : 청나라 아세탄阿世坦의 《청회전淸會典》에 따르면 다음과 같은 다마사茶馬司가 있다.

섬서陝西 조민다마사洮岷茶馬司 · 하주다마사河州茶馬司 · 서령다마사西寧茶馬司 · 장랑다마사莊浪茶馬司 · 감주다마사甘州茶馬司 또한 성조의 강희 4년(1665) 운남성의 북쪽에 승주다마사勝州茶馬司를 증설하였으나 강희 44년(1703)에 폐지되었다.

청나라 세조의 순치 2년(1645)에 제정된 섬서다마사례陝西茶馬事例》에 따라서 차 1비籠를 무게 10근斤으로 하여, 상마上馬 한 필은 차 12비와 바꾸고, 중마中馬 한 필은 차 9비와 바꾸며, 하마下馬 한 필은 차 7비와 바꾸기로 하여, 차어사差御史가 다마사茶馬司를 관찰하게 되었다. 그런데 성조의 강희 44년(1705)에 순시다마관원巡視茶馬官員을 재량하여 줄이고 감숙의 순무巡撫까지 두 가지 일을 겸하여 관할하게 되면서부터 말의 두 정사兩政가 둘로 나누어지게 되었다.

● 차의 수출은 차와 말의 정사가 나누어진 뒤 서양 각국과의 통상이 시작되면서 차의 수출량은 점차 늘어났다.

청나라 차의 주요 수출 대상 국가인 영국·미국·노국에 대한 수출 실적을 살펴보면 다음과 같다.

① 영국

성조의 강희 2년(1663)에 영국 동인도 회사는 영국 왕에게 홍차 2파운드(1파운드 : 453.62그램)를 바치고 파운드 당 50실링(영국의 은돈 1파운드의 20분에 1)의 장려금을 받았다.

그리고 강희 7년부터 영국 동인도회사가 차의 수입을 맡은 이래 10년 동안에 수입한 중국 차는 4천 7백 40파운드나 되었다. 그런데 고종의 건륭 49(1784)에 영국 동인도회사에서는 매년 4회에 걸쳐서 경매하기로 규정하였는데, 값이 떨어짐에 따라서 이익을 얻었다. 또한 선종의 도광 13년(1833) 중국 차의 대영 수출량이 격증하였는데, 도광 16년부터 덕종의 광서 6년(1880)까지의 수출량은 다음과 같다.

연 호	서 기	수출량(파운드)	연 호	서 기	수출량(파운드)
도광 16	1836	40,000,000	동치 19	1868	120,000,000
도광 30	1850	54,000,000	광서 6	1880	160,000,000
함풍 10	1860	78,000,000			

그러나 중국 차의 대영 수출량은 1880년을 고비로 점차 쇠퇴되어, 광서 34년(1908)에는 37,239,564 파운드로 감소되고, 선통제의 선통 3년(1911)에는 8,484,000파운드로 줄어 들어갔다.

② 미국

북미 대륙에 대한 중국 차의 수출은 성조의 강희 50년(1711) 영국을 통해서 이루어졌다. 그러나 미국이 독립된 이후인 고종의 건륭 40년(1775)에는 미국의 중국황후호中國皇后號라는 선박이 중국으로 건너가서 이듬해 중국차를 싣고 돌아갔다.

또 이듬해인 1777년에 2척의 미국 상선이 청나라로 가서 한 척에 80만 파운드의 차를 싣고 돌아갔다.

1786년에는 5척의 상선이 청나라로 가서 한척에 1백만 파운드씩 싣고 돌아갔다.

1790년부터 중미 간의 차 거래는 왕성하게 되었는데 1794년부터 미국은 쾌속범선快速帆船 clipper을 건조해서 차의 수송을 전담토록 하였다. 한때 영국의 쾌속범선보다 차수송의 경쟁에서 우세하였던 미국은 1860년대에 들어와서는 남북전쟁 때문에 청국차의 수송 경쟁에서 탈락하고 말았다.

18세기 말엽인 광서 16년(1890) 전후 미국의 차 수입량은 약 3백 60만 파운드로 올라갔다.

광서 29년(1903), 미국에 수입된 청국차의 수량은 412.983담(擔 : 백근)으로 떨어졌고, 광서 33년(1907)에는 283.351담으로 줄더니 청나라 말년인 선통 3년(1911)에는 158.602담으로 줄어들게 되었다.

원래 청나라 차의 대외 수출은 19세기의 중엽에 가장 왕성하였는데, 그 수량은 3억 파운드나 되었다.

그러던 것이 19세기 말엽에는 인디아·실본(스리랑카)·일본의 차산업이 진흥되어 경쟁상대국들이 늘어났다. 그리고 1904년에는 마침내 인도 차가 중국 차를 앞지르게 되었고, 선통 연간(1909~1911)에는 실론 차에게 자리를 빼앗기고 말았다.

③ 러시아

중국 차에 대한 소문이 러시아에 전해진 것은 1567년 중국 여행에서 돌아간 이반 페트로브와 부르나쉬 야리쉐브의 두 사람에 의해서 였다.

1618년 모스크바 주재의 중국 대사관이 러시아의 궁중에 차를 증정한 이래 청나라 고종의 건륭 12년(1747)에는 2만 5천여 근의 중국 차가 러시아에 수출되고 있었다.

러시아에 차마시기 풍습이 대중화된 것은 1689년 노청露淸간에 체결된 네르친스크 조약에 의해서 청국 차가 대량으로 수입되면서 부터였다.

선종의 도강 8년(1878) 러시아 정부는 카프카즈와 흑해 일대에서 차나무의 시험 재배를 하였으나 실패하고 말았다.

노청露淸의 전차甎茶무역은 주로 낙타에 의존되다가 선종의 도강

30년(1850) 러시아의 극동함대가 항로를 열고 시베리아 철도가 개
통되어 수출량은 62만 8천 파운드로 늘어났다.

그리고 러시아는 청국의 북경·천진 등을 비롯한 16개소에 노어
통역관 양성소를 세우는 한편 한구漢口 등지에 전차 공장, 노아은행
露亞銀行, 노중상업학교 등을 세웠다.

그리하여 해마다 러시아 상인들은 복주福州·한구漢口·구강九江
에서 차를 구입하더니, 한구에서 전차 공장을 세운 다음부터는 매
년 40만 담擔을 수출하게 되어 천국의 차 장사꾼들은 타격을 받았
다. 이로부터 해마다 청국 차의 대노對露 수출량은 점차적으로 감퇴
되었고, 광서 30년(1904)의 경우는 수출량이 10분의 3으로 감소되
었다.

쌍용이병雙龍耳瓶

부 록

고세연 작품

고대 화강암 돌다기 1조 12가지 (중화 국립자연과학박물관장))

당-오대 형요邢窯 백자다병　높이 : 20.5cm　구경 : 7cm　바닥 : 7cm

茶錄并序

朝奉郎右正言同修起居注臣蔡襄上進

臣前因奏事伏蒙 陛下諭臣先任福建轉運使日

所進上品龍茶最為精好臣退念草木之微首辱

陛下知鑒若處之得地則能盡其材昔陸羽茶經不

第建安之品丁謂茶圖獨論採造之本至於烹試曾

未有聞臣輒條數事簡而易明勒成二篇名曰茶錄

伏惟 清間之宴或賜

觀采臣不勝惶懼榮幸之至謹序

上篇論茶

色

茶色貴白而餅茶多以珍膏油（去聲）其面故有青黃

茶碾

茶碾以銀或鐵為之黃金性柔銅及鍮石皆能生鉎

（音星）不入用

茶羅

茶羅以絕細為佳羅底用蜀東川鵝溪畫絹之密者

投湯中揉洗以暴之

茶盞

茶色白宜黑盞建安所造者紺黑紋如兔毫其坯微

厚熁之久熱難冷最為要用出他處者或薄或色紫

皆不及也其青白盞鬥試家自不用

茶匙

茶匙要重擊拂有力黃金為上人間以銀鐵為之竹

者輕建茶不取

湯瓶

瓶要小者易候湯又點茶注湯有準黃金為上人間

以銀鐵或瓷石為之

後序

臣皇祐中修 起居注奏事

仁宗皇帝憂承

天問以建安貢茶并所以試茶之狀臣謂論茶雖禁

中語無事於密造茶錄二篇上進後知福州為掌書

記編去藏橐不復能記知懷安縣樊紀購得之遂以

刊勤行於好事者然多舛謬臣追念

先帝顧遇之恩攬本流涕輒加正定書之於石以永

송나라 시대의 차그림(960-1279)

송나라 시대의 차그림 - 18학사도(960-1279)

송나라 시대의 18학사도(1082-1135)

왕문王問 자차도煮茶圖 (明 1497-1576)